NOÇÕES DE CONTABILIDADE COMERCIAL

Osni Moura Ribeiro

NOÇÕES DE CONTABILIDADE COMERCIAL

FUNDAMENTOS DE CONTABILIDADE
Volume 2

Contempla as Normas Internacionais de Contabilidade.

Indicado para não contadores.

São Paulo
2019

Av. Dra. Ruth Cardoso, 7221, 1º Andar, Setor B
Pinheiros – São Paulo – SP – CEP: 05425-902

SAC Dúvidas referente a conteúdo editorial, material de apoio e reclamações:
sac.sets@somoseducacao.com.br

Direção executiva	Flávia Alves Bravin
Direção editorial	Renata Pascual Müller
Gerência editorial	Rita de Cássia S. Puoço
Editora de aquisições	Rosana Ap. Alves dos Santos
Editoras	Paula Hercy Cardoso Craveiro
	Silvia Campos Ferreira
Assistente editorial	Rafael Henrique Lima Fulanetti
Produtor editorial	Laudemir Marinho dos Santos
Serviços editoriais	Juliana Bojczuk Fermino
	Kelli Priscila Pinto
	Marília Cordeiro
Preparação	Rafael Faber Fernandes
Revisão	Rosângela Barbosa
Diagramação	Join Bureau
Capa	AERO Comunicação
Impressão e acabamento	Vox Gráfica

DADOS INTERNACIONAIS DE CATALOGAÇÃO NA PUBLICAÇÃO (CIP)
Angélica Ilacqua CRB-8/7057

Ribeiro, Osni Moura
   Noções de Contabilidade Comercial / Osni Moura Ribeiro. – São Paulo: Érica, 2019.
   160 p. (Fundamentos de Contabilidade; vol. 2)

   Bibliografia
   ISBN 978-85-365-3217-2

   1. Contabilidade 2. Contabilidade comercial I. Título

19-1345   CDU 657
                                               CDD 657

Índices para catálogo sistemático:
1. Contabilidade

Copyright © Osni Moura Ribeiro
2019 Saraiva Educação
Todos os direitos reservados.

1ª edição

Nenhuma parte desta publicação poderá ser reproduzida por qualquer meio ou forma sem a prévia autorização da Saraiva Educação. A violação dos direitos autorais é crime estabelecido na Lei n. 9.610, de 1998 e punido pelo art. 184 do Código Penal.

CO 644761   CL 642441   CAE 660200

APRESENTAÇÃO

Depois de lecionar Contabilidade para grupos heterogêneos de estudantes por mais de 45 anos e de ter disponibilizado no mercado, em parceria com a Editora Saraiva, mais de duas dezenas de livros, todos versando sobre a ciência contábil e dirigidos a estudantes e profissionais que atuam na área contábil, decidimos escrever a série **Fundamentos de Contabilidade**, para a Editora Érica.

Indicada para não contabilistas, esta série, que trata dos fundamentos de Contabilidade, é composta por cinco volumes e foi cuidadosamente preparada com linguagem objetiva e de fácil entendimento, seguindo a mesma metodologia de parte dos 21 livros que foram escritos por mim entre 1983 e 2018. Este livro teve origem nas obras *Contabilidade Comercial* e *Contabilidade Intermediária*, de minha autoria, publicada pelo selo SaraivaUni.

A Contabilidade é uma ciência presente em todos os setores das atividades humanas, e seu conhecimento ajuda as pessoas não só no desenvolvimento de suas atividades profissionais, como também no gerenciamento de seus negócios particulares.

Os estudantes de Contabilidade e os contabilistas (profissionais que atuam na área contábil) encontram nesses livros os conhecimentos necessários para o bom desenvolvimento de seus estudos e o bom desempenho de suas atividades profissionais. Os estudantes e os profissionais de outras áreas, bem como as pessoas em geral, todos considerados não contabilistas, que, em seus estudos, no exercício de suas atividades profissionais ou mesmo no gerenciamento de seus negócios particulares necessitam de conhecimentos de Contabilidade, encontram, a partir de agora, nos livros da série **Fundamentos de Contabilidade**, as informações necessárias para alcançar seus intentos.

Por que esta série é indicada para não contabilistas? Porque, por tratar dos princípios de Contabilidade, ela foi escrita com base somente em normas contábeis, sem interferência de legislação alguma.

Qual é a proposta dos livros da série **Fundamentos de Contabilidade**? Oferecer a você os fundamentos de Contabilidade, conhecimentos necessários para que possa entender e interpretar com facilidade as informações apresentadas nas Demonstrações Contábeis, produtos finais da Contabilidade.

Assim, no Volume 1 você estuda e aprende as noções de Contabilidade, adquirindo o pleno domínio do mecanismo do débito e do crédito, conhecimento imprescindível que o habilita a estudar e compreender com muita facilidade qualquer assunto envolvendo a Ciência Contábil; no Volume 2, você avança um pouco mais nos estudos e aprende a apurar o resultado do período (exercício social) de empresas comerciais aplicando o regime de competência; no Volume 3, você estuda a estrutura das Demonstrações Contábeis, aprende a elaborá-las e fica sabendo o que é, para que serve e como extrair informações úteis de cada uma delas; no Volume 4, você amplia um pouco mais seus conhecimentos, aprendendo a interpretar e analisar os dados apresentados nas Demonstrações Contábeis; e, no Volume 5, você complementa seus conhecimentos estudando e aprendendo as noções de custos com ênfase no custo industrial.

Nosso maior propósito é colaborar para que o ensino e a aprendizagem da Contabilidade fiquem cada vez mais fáceis e acessíveis a um número cada vez maior de pessoas interessadas.

O autor

SOBRE O AUTOR

Osni Moura Ribeiro é bacharel em Ciências Contábeis e professor de Contabilidade Geral, Comercial, Intermediária, Avançada, Gerencial, Pública, Tributária, de Custos, Auditoria e Análise de Demonstrações Contábeis.

Já ocupou os cargos de contador, analista contábil, inspetor contábil, auditor e agente fiscal de rendas da Secretaria da Fazenda do Estado de São Paulo.

Atua como auditor e consultor de órgãos públicos e empresas particulares. É, ainda, palestrante e autor de diversas obras publicadas pela Saraiva Educação.

Sumário

CAPÍTULO 1 – A CONTABILIDADE COMERCIAL E SUA APLICAÇÃO 13

  1.1 Iniciando os estudos 14

  1.2 Noções básicas de Contabilidade.. 14

      1.2.1 Atributo da Contabilidade 14

      1.2.2 Patrimônio 14

          1.2.2.1 Representação gráfica do patrimônio 15

      1.2.3 Ativo e Passivo... 16

      1.2.4 Patrimônio Líquido 17

          1.2.4.1 Movimentação do patrimônio..................................... 18

      1.2.5 Escrituração... 18

      1.2.6 Contas... 19

          1.2.6.1 Classificação das contas.. 19

      1.2.7 Lançamento... 19

      1.2.8 Razonete.. 21

      1.2.9 Balancete... 23

  1.3 A Contabilidade Comercial e sua aplicação.. 25

CAPÍTULO 2 – OPERAÇÕES COM MERCADORIAS... 27

  2.1 Introdução 28

      2.1.1 Como contabilizar as operações com Mercadorias? 28

  2.2 Registro das compras e das vendas de Mercadorias durante o ano 29

  2.3 Resultado Simplificado da Conta Mercadorias.................................... 30

      2.3.1 Apuração extracontábil... 30

      2.3.2 Apuração Contábil.. 31

  2.4 Fatos que alteram os valores de compras e vendas 42

      2.4.1 Fatos que alteram os valores de compras.................................... 42

          2.4.1.1 Fretes e seguros sobre compras................................... 42

          2.4.1.2 Compras anuladas ou devoluções de compras........................ 43

          2.4.1.3 Abatimento sobre compras 43

          2.4.1.4 Descontos Incondicionais Obtidos 44

          2.4.1.5 Juros Embutidos nas Compras a Prazo 44

2.4.2	Fatos que alteram os valores de vendas	45
	2.4.2.1 Vendas Anuladas ou Devoluções de Vendas	45
	2.4.2.2 Abatimentos sobre Vendas	46
	2.4.2.3 Descontos Incondicionais Concedidos	46
	2.4.2.4 Juros Embutidos nas Vendas a Prazo	47
2.4.3	Tributos incidentes sobre Compras e Vendas	49
	2.4.3.1 Tributos Recuperáveis	50
	2.4.3.1.1 Mecanismo de Incidência dos Tributos Recuperáveis	50
	2.4.3.1.2 Contabilização de Tributos Recuperáveis	51
	2.4.3.2 Tributos Não Recuperáveis	54
2.5	Resultado completo da conta Mercadorias	56
2.5.1	Fórmulas	56
2.5.2	Rateio dos Fretes e Seguros sobre Compras	57
2.6	Métodos e Sistemas	60
2.6.1	Conta Mista com Inventário Periódico	61
2.6.2	Conta Desdobrada com Inventário Permanente	63
2.6.3	Opções para contabilização dos tributos recuperáveis	66
2.7	Perdas Estimadas em Créditos de Liquidação Duvidosa	68

CAPÍTULO 3 – DEPRECIAÇÃO E AMORTIZAÇÃO 71

3.1	Depreciação	72
3.1.1	Por que depreciar?	72
3.1.2	Procedimentos para contabilizar a depreciação	73
3.2	Amortização	75
3.2.1	Procedimentos para contabilizar a amortização	76

CAPÍTULO 4 – REGIMES CONTÁBEIS 83

4.1	Conceituação	84
4.2	Regime de Competência	84
4.2.1	Ajustes em Contas de Despesas	85
	4.2.1.1 Despesas incorridas e não pagas	85
	4.2.1.1.1 Despesas com Aluguéis	85
	4.2.1.1.2 Despesas com Salários e Encargos	89
	4.2.1.2 Despesas pagas antecipadamente	97
	4.2.1.2.1 Despesas com Seguros	97
	4.2.1.2.2 Despesas com Aluguéis	103
	4.2.1.2.3 Despesas com materiais de consumo	104
4.2.2	Ajustes em Contas de Receitas	108
	4.2.2.1 Receitas Realizadas (ganhas) e não recebidas	108
	4.2.2.2 Receitas recebidas antecipadamente (recebidas e não ganhas)	108
4.3	Regime de Caixa	111
4.4	Comparação entre Regime de Caixa e Regime de Competência	112

Noções de Contabilidade Comercial

CAPÍTULO 5 – RESULTADO DO EXERCÍCIO 119

  5.1 Introdução 120
  5.2 Resultado Líquido 120
      5.2.1 Conceito.. 120
      5.2.2 Deduções, Participações e Destinações do Resultado do Exercício 122
            5.2.2.1 Introdução... 122
            5.2.2.2 Deduções.. 122
            5.2.2.3 Participações.. 125
            5.2.2.4 Destino do saldo da conta Resultado do Exercício 125
            5.2.2.5 Destinações do Lucro Líquido do Exercício 127
            5.2.2.6 Reservas de Lucros 127
            5.2.2.7 Dividendos 128

MENSAGEM FINAL 139

BIBLIOGRAFIA.. 141

ANEXO – PLANO DE CONTAS 143

  A.1 Conceito.. 143
  A.2 Elenco de Contas 143
  A.3 Informações sobre o Elenco de Contas 149
      A.3.1 Informações sobre o Gráfico I 149
            A.3.1.1 Ativo.. 149
            A.3.1.2 Ativo Circulante... 149
            A.3.1.3 Ativo Não Circulante 150
            A.3.1.4 Passivo... 151
            A.3.1.5 Passivo Circulante.. 152
            A.3.1.6 Passivo Não Circulante 152
            A.3.1.7 Patrimônio Líquido 152
            A.3.1.8 Contas Redutoras do Balanço 153
            A.3.1.9 Contas Redutoras do Ativo 153
            A.3.1.10 Contas Redutoras do Passivo 154
            A.3.1.11 Contas Extrapatrimoniais 154
      A.3.2 Informações sobre o Gráfico II 155
            A.3.2.1 Despesas... 155
                 A.3.2.1.1 Despesas Operacionais..................................... 155
                 A.3.2.1.2 Outras Despesas 156
            A.3.2.2 Receitas 156
                 A.3.2.2.1 Receitas Operacionais....................................... 156
                 A.3.2.2.2 Outras Receitas 157
            A.3.2.3 Contas de Apuração do Resultado 157
  A.4 Manual de Contas... 157
  A.5 Modelos Padronizados de Demonstrações Contábeis 158

CAPÍTULO

1 ▶

A CONTABILIDADE COMERCIAL E SUA APLICAÇÃO

1.1 Iniciando os estudos

Para um bom aproveitamento de qualquer assunto que se pretenda estudar, é importante estar bem situado na matéria. De nada adianta passar horas e mais horas debruçado sobre livros se, a cada página, o estudante não consegue adquirir domínio daquilo que até então já leu. Por mais simples e fácil que seja a matéria, é sempre conveniente que se tenha um ponto de partida.

A Contabilidade é uma matéria fácil de ser entendida e manejada se estudada gradativamente, obedecendo à sequência lógica que a disciplina exige. Contudo, esse estudo gradativo deve abranger, principalmente, a parte básica da matéria, pois, uma vez compreendido com bastante precisão o mecanismo do débito e do crédito, o estudante terá condições de assimilar facilmente qualquer assunto contábil.

No livro **Noções de Contabilidade**, volume 1 desta série, apresentamos, de maneira gradual e bem dosada, as noções básicas que o ensino da Contabilidade exige, permitindo que o estudante, a cada passo, domine a matéria estudada, tornando mais fácil o entendimento dos assuntos seguintes.

Sabemos que Contabilidade é prática, de modo que só é possível compreendê-la e dominá-la se a exercitamos. Se o aluno deixa de exercitar por um período de férias (entre os primeiro e segundo anos ou mesmo entre um e outro semestre), torna-se necessária uma recapitulação do que já foi estudado, principalmente no que se refere à parte básica da matéria, para que, com isso, possa obter melhores resultados nos estudos futuros. Assim, neste primeiro capítulo, em linhas gerais, apresentaremos as noções básicas da Contabilidade para depois entrarmos no estudo de Contabilidade Comercial.

1.2 Noções básicas de Contabilidade

Neste tópico, serão abordados alguns dos principais conceitos de Contabilidade, como patrimônio, Ativo e Passivo.

1.2.1 Atributo da Contabilidade

Um dos atributos da Contabilidade é permitir o controle da movimentação do patrimônio das entidades em geral.[1]

O **patrimônio** de uma empresa é movimentado em função dos acontecimentos diários, como compras, vendas, pagamentos, recebimentos etc.

Registrando esses acontecimentos, a Contabilidade terá condições de fornecer informações sobre a situação do patrimônio, sempre que solicitada.

1.2.2 Patrimônio

O que é patrimônio? Patrimônio é o conjunto de bens, direitos e obrigações de uma empresa. Vejamos, a seguir, o que significa cada um desses componentes.

---

[1] Para facilitar, neste capítulo, sempre que nos referirmos a entidade, vamos tratá-la de empresa. Lembramos que empresa é a entidade que tem fins econômicos, isto é, visa ao lucro.

Bens são coisas capazes de satisfazer as necessidades humanas e suscetíveis de avaliação econômica. Do ponto de vista contábil, bem é tudo aquilo que uma empresa possui, seja para uso, troca ou consumo.

Exemplo: suponhamos que uma empresa possua os seguintes bens:

- prateleiras;
- livros para venda (Mercadorias);
- papel para embalagem.

Desses três, as prateleiras são bens de uso da empresa, os livros são bens de troca e o papel para embalagem é um bem de consumo.

Podemos, ainda, dividir os bens de uma empresa em:

a) **Materiais:** são os bens tangíveis (corpóreos). Dividem-se em móveis e imóveis.
   - **Móveis:** são aqueles que podem ser removidos de seu lugar natural por força própria ou alheia. Exemplos: mesa, máquina, veículo etc.
   - **Imóveis:** são aqueles que não podem ser removidos de seu lugar natural. Exemplos: terrenos, casas, sítios etc.
b) **Imateriais:** são os bens intangíveis (incorpóreos), ou seja, determinados gastos que a empresa faz que, por sua natureza, devem ser considerados bens. Os mais comuns são: Fundo de Comércio, Marcas e Patentes etc.

Direitos são todos os valores que uma empresa tem a receber. Geralmente, os direitos aparecem registrados com o nome do elemento (quase sempre um documento), acrescido da expressão "a Receber".

Exemplos:

- Duplicatas a Receber;
- Promissórias a Receber.

Obrigações são todos os valores que uma empresa tem a pagar. Geralmente, as obrigações são registradas utilizando-se o nome do elemento (quase sempre um documento), acrescido da expressão "a Pagar".

Exemplos:

- Duplicatas a Pagar;
- Promissórias a Pagar;
- Impostos a Pagar.

1.2.2.1 *Representação gráfica do patrimônio*

Vimos que o patrimônio é um conjunto de bens, direitos e obrigações de uma empresa. Para que a Contabilidade desempenhe seu papel de fornecer informações sobre a situação do patrimônio, ela precisa apresentar esses elementos patrimoniais de alguma forma. A maneira que a Contabilidade utiliza para representar a situação patrimonial é a forma gráfica.

Didaticamente, os bens, os direitos e as obrigações podem ser dispostos em um gráfico em forma de "T".

O gráfico, como podemos observar, tem dois lados:

- no lado esquerdo, colocamos os bens e os direitos;
- no lado direito, colocamos as obrigações.

Veja:

PATRIMÔNIO	
BENS	OBRIGAÇÕES
DIREITOS	

1.2.3 Ativo e Passivo

A Contabilidade atribui, com muita lógica, um nome para cada um dos lados do gráfico:

PATRIMÔNIO	
ATIVO	
BENS	
DIREITOS	

O lado esquerdo do gráfico recebe o nome de **Ativo**, pois é composto pelos bens e pelos direitos, que formam o conjunto dos elementos positivos da empresa.

PATRIMÔNIO	
	PASSIVO
	OBRIGAÇÕES

O lado direito do gráfico recebe o nome de **Passivo**, pois é composto pelas obrigações, as quais formam o grupo dos elementos negativos da empresa.

1.2.4 Patrimônio Líquido

No gráfico em "T", que serve para representar os elementos componentes do patrimônio, a soma do lado esquerdo deverá ser igual à soma do lado direito.

Partindo do princípio de que os elementos positivos (Ativo = bens e direitos) devem ser superiores aos elementos negativos (Passivo = obrigações), aparecerá no gráfico um quarto grupo de elementos, que denominaremos Patrimônio Líquido.

Esse quarto grupo corresponde exatamente à diferença entre o Ativo (bens e direitos) e as obrigações e será colocado no lado do Passivo, para assegurar a igualdade entre os dois lados. Assim, veja como fica o gráfico do patrimônio:

PATRIMÔNIO	
ATIVO	PASSIVO
BENS	OBRIGAÇÕES
DIREITOS	PATRIMÔNIO LÍQUIDO

Note que temos dois grupos de elementos patrimoniais de cada lado. Veja, agora, quais são os elementos que compõem esses grupos:

- **Bens:** mesas, automóveis, dinheiro, balcões, Mercadorias etc.
- **Direitos:** Duplicatas a Receber, Promissórias a Receber etc.
- **Obrigações:** Duplicatas a Pagar, Promissórias a Pagar etc.
- **Patrimônio Líquido (composto, basicamente, por três elementos):** Capital, Reservas e Lucros ou Prejuízos Acumulados. Há outros elementos que poderão figurar no grupo do Patrimônio Líquido, os quais não apresentaremos dado o caráter introdutório da presente obra.

Os grupos dos bens, dos direitos e das obrigações podem ser entendidos facilmente; porém, isso pode não ocorrer em relação ao grupo do Patrimônio Líquido. Veja os conceitos:

- **Capital:** representa a importância em dinheiro ou bens e direitos que uma pessoa possui ao iniciar suas atividades;
- **Reservas e Lucros ou Prejuízos Acumulados:** são elementos que representam partes ou o total do resultado apurado pela empresa no final de um exercício social. Quando o Resultado do Exercício de uma empresa for lucro, esse lucro poderá ter várias destinações – uma parte vai para o Governo, na forma de tributos; uma parte ou o total poderá ser utilizado para cobrir prejuízos apurados e acumulados em exercícios anteriores; uma parte poderá ser destinada aos empregados, administradores etc., como participação nos lucros; uma parte poderá ser utilizada para constituição de reservas (para investimentos, por exemplo); uma parte poderá ser utilizada para aumentar o Capital Social; uma parte será destinada ao proprietário ou aos sócios, em forma de dividendos; e uma parte, ainda, poderá ficar retida no Patrimônio Líquido com o título de Lucros Acumulados ou Lucros ou Prejuízos Acumulados (saldo credor) para futuras destinações.

Quando o resultado apurado corresponder a prejuízo, esse prejuízo poderá ser compensado com saldos de lucros acumulados no Patrimônio Líquido e apurados em exercícios anteriores, com saldos de reservas ou, ainda, ser cobertos pelo titular ou pelos sócios.

Quando o prejuízo apurado em um exercício não puder ser totalmente compensado pelas formas mencionadas, a parcela não compensada figurará no Patrimônio Líquido para ser compensada futuramente.

1.2.4.1 *Movimentação do patrimônio*

A movimentação do patrimônio ocorre por meio do relacionamento comercial entre a empresa e as pessoas que a visitam diariamente:

- há pessoas que fornecem Mercadorias para a empresa (fornecedores). A empresa pode efetuar a compra à vista ou a prazo. No primeiro caso, ocorre a simples troca de bens: dinheiro por Mercadoria; no segundo caso, a empresa cria uma obrigação para pagamento futuro;
- há pessoas que compram as Mercadorias da empresa (clientes). A empresa pode vender, também, à vista ou a prazo. No primeiro caso, há uma simples troca de bens: dinheiro por Mercadoria; no segundo caso, a empresa contrai um direito de receber o valor da venda posteriormente.

Além dessas pessoas (fornecedores e clientes), existem outras que, em função do próprio desenvolvimento normal da empresa, com ela se relacionam prestando-lhe serviços de energia elétrica, telefonia etc., exigindo tributos (governo), captando ou oferecendo recursos financeiros (bancos) etc. Portanto, podemos concluir que a movimentação do patrimônio da empresa ocorre em função de quatro acontecimentos principais:

a) compras;
b) vendas;
c) pagamentos;
d) recebimentos.

1.2.5 Escrituração

Como a Contabilidade faz o controle do patrimônio das empresas? Para que o controle do patrimônio seja eficaz, a Contabilidade precisa registrar todos os Fatos que ocorrem na empresa. Esse registro é feito por meio da escrituração.

Em que consiste a escrituração? A escrituração é uma das técnicas utilizadas pela Contabilidade e consiste em registrar, nos livros próprios (Diário, Razão, Caixa, Contas-Correntes etc.), todos os Fatos que provocam modificações no patrimônio da empresa.

A escrituração começa pelo Livro Diário. Nesse livro, são escriturados (registrados) todos os Fatos que ocorrem no dia a dia da empresa e que são responsáveis pela movimentação do seu patrimônio.

O registro dos Fatos é feito em forma contábil, por meio do lançamento. Para registrar os Fatos por meio de lançamentos, a Contabilidade utiliza as contas.

Noções de Contabilidade Comercial

1.2.6 Contas

O que é conta? Conta é o nome técnico dado aos componentes patrimoniais (bens, direitos, obrigações e Patrimônio Líquido) e aos elementos de resultado (Despesas e Receitas).

É por meio das contas que a Contabilidade consegue desempenhar seu papel. Todos os acontecimentos que ocorrem na empresa, responsáveis pela movimentação de seu patrimônio, como compras, vendas, pagamentos e recebimentos, são registrados nos livros próprios por meio das contas.

1.2.6.1 *Classificação das contas*

As contas podem ser classificadas em dois grupos:

a) **Contas Patrimoniais:** são as contas que representam os elementos que compõem o patrimônio. Dividem-se, por sua vez, em dois grandes grupos: ativas (integrantes do Ativo do patrimônio) e passivas (integrantes do Passivo do patrimônio). Exemplo:

PATRIMÔNIO	
ATIVO	PASSIVO
BENS	**OBRIGAÇÕES**
Caixa	Fornecedores
Veículos	**PATRIMÔNIO LÍQUIDO**
DIREITOS	Capital
Duplicatas a Receber	

b) **Contas de Resultado:** dividem-se em contas de Despesas e contas de Receitas:
- **Despesas:** caracterizam-se pelo consumo de bens e pela utilização de serviços.
  Exemplos:
  - Água e Esgoto;
  - Energia Elétrica;
  - Material de Limpeza;
  - Salários.
- **Receitas:** decorrem da venda de bens ou da prestação de serviços.
  Exemplos:
  - Vendas de Mercadorias;
  - Receitas de Serviços.

1.2.7 Lançamento

O que é lançamento? Lançamento é o meio pelo qual se processa a escrituração. Todos os fatos que ocorrem na empresa são registrados nos livros próprios, por meio do lançamento. O lançamento é composto pelos seguintes elementos essenciais:

- local e data da ocorrência do Fato;
- conta debitada;
- conta creditada;
- histórico;
- valor.

Exemplo:

Tendo em vista um Fato ocorrido na empresa, o contabilista deve registrá-lo no Livro Diário, por meio de um lançamento.

Fato: compra de um automóvel, em dinheiro, conforme Nota Fiscal nº 801, da Concessionária Pinheiros, por $ 50.000.

Para o estudante que não domina bem a matéria, sugerimos que, ao elaborar o lançamento, esquematize-o antes, assumindo os seguintes procedimentos:

1. Identificar o local e a data da ocorrência do Fato. Em nosso exemplo, considere sua cidade e a data de hoje.
2. Verificar que documento foi emitido na operação. Se não houver documento idôneo que comprove a ocorrência do Fato, este não poderá ser contabilizado. Em nosso exemplo, o documento emitido foi a Nota Fiscal nº 801, da Concessionária Pinheiros.
3. Identificar os elementos envolvidos na operação. Todo Fato ocorre em forma de troca. Logo, existem pelo menos dois elementos envolvidos. Em nosso exemplo, os elementos envolvidos são: dinheiro e automóvel. Você compra o automóvel e dá o dinheiro em troca.
4. Verificar, no Plano de Contas, qual delas deveremos utilizar para registrar cada um dos elementos identificados na seção anterior. O elemento dinheiro será registrado na conta Caixa, e o elemento automóvel, na conta Veículos.
5. Preparar o histórico do problema. O histórico consiste em relatar o Fato. Esse relato deve conter apenas os dados necessários para o bom esclarecimento do evento. São indispensáveis os três elementos a seguir:
   - identificação do documento envolvido;
   - elemento transacionado;
   - nome da pessoa com quem se transaciona.
   - Assim: "Compra de um automóvel, conforme Nota Fiscal nº 801, da Concessionária Pinheiros."
6. Identificar qual das contas será debitada e qual será creditada. Para facilitar essa identificação, apresentaremos o quadro a seguir:

QUADRO AUXILIAR DA ESCRITURAÇÃO

I. Para elementos patrimoniais:
   a) Toda vez que aumentar o Ativo, debitar a respectiva conta.
   b) Toda vez que diminuir o Ativo, creditar a respectiva conta.
   c) Toda vez que aumentar o Passivo, creditar a respectiva conta.
   d) Toda vez que diminuir o Passivo, debitar a respectiva conta.

II. Para elementos de resultado:
   a) Toda vez que ocorrer uma Despesa, DEBITAR a respectiva conta.
   b) Toda vez que ocorrer uma Receita, CREDITAR a respectiva conta.

- As contas de despesas somente serão creditadas nos casos de estorno e na Apuração do Resultado do Exercício.
- As contas de receitas somente serão debitadas nos casos de estorno e na Apuração do Resultado do Exercício.

Utilizando o quadro, concluímos que, em nosso exemplo de lançamento:
- a conta a ser debitada é Veículos;
- a conta a ser creditada é Caixa.

7. Elaborar o lançamento.

Veja como o lançamento é efetuado no Livro Diário:

```
LOCAL E DATA      São Paulo, 13 de outubro de X1
CONTA DEVEDORA    Veículos
CONTA CREDORA     a Caixa
HISTÓRICO         Compra de um automóvel,
                  conforme Nota Fiscal nº 801, da
                  Concessionária Pinheiros.        VALOR   50.000
```

Observação

▶ A conta credora é precedida da preposição **a**, por simples convenção da Contabilidade.

Como você pôde observar, a escrituração contábil registra os acontecimentos nos livros, por meio de técnicas próprias, com o objetivo de controlar o patrimônio. Veja, a seguir, os tópicos sobre Razonete e Balancete.

1.2.8 Razonete

Razonete nada mais é que um Razão simplificado. Como vimos, todos os acontecimentos que ocorrem na empresa são registrados pela Contabilidade, inicialmente no Livro Diário e, depois, nos demais livros de escrituração.

Entre os livros de escrituração, sem dúvida o mais importante para a Contabilidade é o Razão, pois registra o movimento individualizado de cada uma das contas movimentadas pela empresa. Assim, depois de efetuados os lançamentos no Diário, o contabilista deve transcrevê-los para o Livro Razão.

Capítulo 1 • A Contabilidade Comercial e sua aplicação   21

Para atender aos fins didáticos propostos, em substituição ao Livro Razão, podem ser utilizados, com mais facilidade, os Razonetes.

Utilizaremos tantos gráficos em "T" (gráfico em "T" é o Razonete) quantas forem as contas existentes na escrituração do Diário.

Veja, a seguir, como utilizar o Razonete.

Exemplo:

Suponhamos que, em uma empresa, tenham ocorrido os seguintes Fatos:

a) venda de um automóvel, à vista, por $ 20.000;
b) venda de Mercadorias, à vista, por $ 5.000.

Registros no Diário:

(1) Caixa
    a Veículos
        Recebido pela venda de
        um automóvel etc.   20.000

_____   _____

(2) Caixa
    a Mercadorias
        Recebido pela venda de
        Mercadorias etc.   5.000

_____   _____

Razonetes:

CAIXA			VEÍCULOS	
D	C		D	C
(1) 20.000				(1) 20.000
(2) 5.000				

MERCADORIAS	
D	C
	(2) 5.000

Noções de Contabilidade Comercial

1.2.9 Balancete

Balancete é uma relação das contas extraídas do Livro Razão, com seus saldos devedores ou credores.

O principal objetivo das empresas é a obtenção de lucro. No entanto, o lucro é apenas um dos resultados da movimentação do patrimônio da empresa em determinado exercício, pois pode ocorrer prejuízo.

Como as empresas apuram seus resultados? Para apurar os resultados no final do ano (exercício), as empresas adotam uma série de procedimentos, tendo como ponto de partida a elaboração do Balancete, o qual relaciona todas as contas utilizadas pela Contabilidade no período.

A partir do Balancete, procedem-se às demais providências, visando à Apuração do Resultado. Assim, podemos concluir que a base da Contabilidade se assenta em três procedimentos:

a) registro dos Fatos no Livro Diário;
b) registro dos Fatos no Livro Razão (transcritos do Diário);
c) elaboração do Balancete de Verificação.

A elaboração do Balancete não oferece dificuldade alguma. No exemplo que apresentaremos a seguir, note que o Balancete tem quatro colunas: duas reservadas para o movimento (débito e crédito) e duas reservadas para o saldo (devedor ou credor).

O preenchimento das colunas do movimento constitui pura transcrição do total do débito e do total do crédito de cada conta constante do Livro Razão (ou do Razonete – se for o caso).

O preenchimento das colunas reservadas para o saldo é feito mediante a diferença entre o débito e o crédito de cada conta constante da coluna movimento. Assim, se o débito na coluna movimento superar o crédito, o saldo será devedor; caso contrário, sendo o crédito da coluna movimento superior ao débito, o saldo será credor.

Suponhamos que uma empresa possua, no final de determinado exercício, o seguinte movimento no Razonete:

CAIXA			
D			C
(1)	1.000	(2)	500
(3)	300		
	1.300		

MERCADORIAS			
D			C
(2)	500	(3)	300

CAPITAL			
D			C
		(1)	1.000

Veja como o Balancete será preenchido:

		BALANCETE			
Nº DE ORDEM	CONTAS	MOVIMENTO		SALDO	
		DÉBITO	CRÉDITO	DEVEDOR	CREDOR
1	Caixa	1.300	500	800	–
2	Mercadorias	500	300	200	–
3	Capital	–	1.000	–	1.000
	TOTAIS	1.800	1.800	1.000	1.000

Observações

▸ Nas colunas do movimento, conforme apontamos, ocorre a pura transcrição do que consta no Razonete.
▸ As colunas do saldo correspondem à diferença entre o débito e o crédito das colunas do movimento.

Feita uma rápida recapitulação da base do processo contábil, desde a ocorrência do Fato e de seu registro no Diário e no Razonete até a elaboração do Balancete, resolva as atividades propostas a seguir para que possamos estudar adequadamente as noções de Contabilidade Comercial.

nota
• Se após a recapitulação você ainda não conseguir situar-se na matéria, antes de passar para o capítulo seguinte, sugerimos que estude novamente o volume 1 desta série, intitulado *Noções de Contabilidade*, no qual encontrará, minuciosamente explicados, os fundamentos da Contabilidade.

Atividades Práticas

Escriture no Diário e no Razonete e levante o Balancete de Verificação:

Prática 1
1. Investimento inicial em dinheiro: $ 1.000.
2. Compra de móveis para uso, à vista, $ 300, conforme Nota Fiscal nº 71, de Oliveira Coutinho S/A.
3. Pagamento de despesas de aluguéis, em dinheiro, no valor de $ 100, conforme recibo nº 1.
4. Compra de um terreno, a prazo, mediante emissão de Notas Promissórias, no valor de $ 800, de André Bacic, conforme escritura.

Prática 2

1. Investimento inicial como segue:
   a) em dinheiro: $ 500;
   b) diversos móveis avaliados em $ 600.
2. Abertura de conta Movimento no Banco Brasileiro S.A., com depósito inicial de $ 500.
3. Compra de um armário de aço, a prazo, de Fratric S.A., conforme Nota Fiscal nº 0003, $ 50.
4. Compra de materiais de expediente, conforme Nota Fiscal nº 999, da Casa Gilda, no valor de $ 60 (pago com o cheque nº 1 do Banco Brasileiro).
5. Pagamento a Fratric S.A. de parte de compra efetuada, com o cheque nº 2, no valor de $ 30.
6. Venda de um armário de aço, conforme Nota Fiscal nº 001, à vista, $ 50.

Prática 3

1. Investimento inicial como segue:
   a) em dinheiro: $ 3.000;
   b) um automóvel avaliado em $ 300;
   c) uma Nota Promissória de $ 350.
2. Compra de Mercadorias, à vista, conforme Nota Fiscal nº 231, da Casa Londrina, $ 1.000.
3. Compra de Mercadorias, a prazo, mediante aceite de Duplicata, de J. Bongiovanni Ltda., conforme Nota Fiscal nº 333, $ 2.000.
4. Pagamento de despesas com impostos, à vista, $ 100.
5. Venda de Mercadorias, a prazo, a Ademir Lui, conforme Nota Fiscal nº 001, com aceite da Duplicata nº 1/1, $ 800.

1.3 A Contabilidade Comercial e sua aplicação

A Contabilidade Comercial é um ramo da Contabilidade que trata do controle da movimentação do patrimônio das empresas comerciais.

Sabemos que existem os mais variados tipos de empresas, diferindo-se umas das outras em função da atividade característica que cada uma desenvolve. Assim, existem empresas industriais, agrícolas, pecuárias e comerciais, além de uma infinidade de prestadoras de serviços (transportadoras, beneficiadoras de peças, locadoras de imóveis etc.).

Para cada tipo de empresa, existe um ramo da Contabilidade. Assim, à empresa comercial aplica-se a Contabilidade Comercial, à empresa industrial, a Contabilidade Industrial, e assim por diante. Então, podemos dizer que existem várias Contabilidades? Não. A Contabilidade é uma só, com seus pressupostos básicos. O que existe são ramificações da Contabilidade, criadas para permitir a cada tipo de entidade a aplicação adequada desses pressupostos contábeis, segundo suas características próprias.

São pressupostos básicos da Contabilidade o regime de competência, a continuidade, a relevância, a materialidade, a primazia da essência sobre a forma etc.

O campo de aplicação da Contabilidade Comercial abrange, evidentemente, todas as empresas comerciais.

Empresa comercial é aquela cujo principal objetivo é aproximar o produtor do consumidor. Assim, sua atividade principal pode ser resumida em duas tarefas: compra e venda de Mercadorias.

É importante destacar que Mercadorias são todos os objetos que as empresas comerciais compram para revender.

Nosso propósito, nesta obra, é estudar a Contabilidade voltada às empresas comerciais. Assim, você encontrará nos capítulos seguintes a maneira correta de contabilizar as operações típicas das empresas comerciais.

Atividades Teóricas

1. **Responda:**
   1.1 O que é Contabilidade Comercial?
   1.2 Existem várias Contabilidades?
   1.3 Qual é o campo de aplicação da Contabilidade Comercial?

2. **Escolha a alternativa correta nos testes a seguir:**
   2.1 A empresa que tem como principal objetivo aproximar o produtor do consumidor é a empresa:
   a) industrial.
   b) agrícola.
   c) transportadora.
   d) comercial.
   e) familiar.
   2.2 A atividade principal das empresas comerciais resume-se:
   a) nas operações de compra de Mercadorias.
   b) nas operações de vendas de Mercadorias.
   c) nas operações de compra e de venda de Mercadorias.
   d) nas operações de compra e manufatura de Mercadorias.
   e) Nenhuma das alternativas anteriores.

CAPÍTULO

2 ▶

OPERAÇÕES COM MERCADORIAS

2.1 Introdução

As Mercadorias compreendem todos os Bens que as empresas comerciais compram para revender. As operações que envolvem a compra e a venda de Mercadorias constituem a atividade principal das empresas comerciais.

2.1.1 Como contabilizar as operações com Mercadorias?

Você deve estar lembrado de que, nos Capítulos 5 e 6 do livro *Noções de Contabilidade*, primeiro volume desta série, para registrar as compras e as vendas de Mercadorias, utilizamos a conta "Estoque de Mercadorias", e que, nas Atividades Práticas do Capítulo 8 do mencionado livro, colocamos uma nota dizendo que você deveria adotar as contas Compras e Vendas para registrar as operações com Mercadorias (Método da Conta Desdobrada).

Pois bem, para contabilizar as operações com Mercadorias existem dois métodos e dois sistemas.

Os métodos utilizados são:

a) **Método da Conta Mista:** consiste em utilizar uma só conta, que poderá ser chamada de Mercadorias, ou Estoque de Mercadorias, ou outra semelhante, para registrar todas as operações com Mercadorias (Estoques inicial e final, Compras, Vendas, Devoluções de Compras e Devoluções de Vendas).

b) **Método da Conta Desdobrada:** consiste em utilizar as três contas básicas: Estoque de Mercadorias (para registrar os estoques inicial e final), Compras de Mercadorias (ou simplesmente Compras) e Vendas de Mercadorias (ou simplesmente Vendas). Podem, ainda, ser utilizadas as contas Compras Anuladas (para registrar as Devoluções de Compras) e Vendas Anuladas (para registrar as Devoluções de Vendas).

A empresa poderá optar por um desses dois métodos, mas não poderá utilizar ambos ao mesmo tempo, para não prejudicar a uniformidade de seus registros contábeis. Seja qual for o método escolhido, a empresa deverá, ainda, optar pela adoção de um dos dois sistemas a seguir apresentados. São eles:

a) **Inventário Permanente:** consiste em controlar permanentemente o valor do Estoque de Mercadorias. Assim, a cada compra efetuada, o custo da respectiva compra é adicionado ao estoque; da mesma forma, a cada venda efetuada, o custo da respectiva venda é diminuído do estoque. Assim, o Estoque de Mercadorias fica atualizado constantemente.

b) **Inventário Periódico:** por meio desse Sistema, o valor do Estoque de Mercadorias só é conhecido no final do período, após a realização da contagem física de todas as Mercadorias existentes (inventário).

Fizemos essas considerações porque, a partir daqui, adotaremos o Método da Conta Desdobrada com Inventário Periódico, pois, didaticamente, é o mais indicado para o estágio dos estudos em que você se encontra.

2.2 Registro das compras e das vendas de Mercadorias durante o ano

Veja como deverão ser contabilizadas as compras e as vendas de Mercadorias pelo Método da Conta Desdobrada com Inventário Periódico:

a) Compras de Mercadorias
Exemplo:
Compra de Mercadorias, conforme NF nº 341, do fornecedor Claudio Raul Ltda., no valor de $ 10.000, à vista.
O registro no Livro Diário ficará assim:

Compras de Mercadorias
a Caixa
    Conf. NF nº 341, de Claudio Raul Ltda.   10.000
_____   _____

b) Vendas de Mercadorias
Exemplo:
Nossas vendas de Mercadorias, à vista, conforme nossas Notas Fiscais nºs 2.000 a 2.020, no valor de $ 15.000.
O registro no Livro Diário ficará assim:

Caixa
a Vendas de Mercadorias
    Conf. Nossas Notas Fiscais
    nº 2.000 a 2.020.   15.000
_____   _____

Como você pôde observar, quando a Conta Desdobrada com Inventário Periódico é utilizada para registrar Compras de Mercadorias, no Livro Diário debita-se a conta Compras de Mercadorias e credita-se a conta Caixa, Bancos conta Movimento, Fornecedores ou Duplicatas a Pagar, conforme o caso. Da mesma forma, sempre que ocorrerem vendas de Mercadorias, credita-se a conta Vendas de Mercadorias e debita-se a conta Caixa, Bancos conta Movimento, Clientes ou Duplicatas a Receber, conforme o caso.

Atividades Práticas

Contabilize, em partidas de Diário e em Razonetes, os seguintes Fatos, ocorridos em uma empresa comercial:

1. Compra de Mercadorias, à vista, de Fernanda Musser Ltda., conforme NF nº 814, no valor de $ 10.000.

2. Compra de Mercadorias, a prazo, de Thalita & Cia., conforme NF nº 1.050, no valor de $ 6.000. Houve aceite, no ato, de duas duplicatas para vencimentos em 30 e 60 dias.

3. Venda de Mercadorias, à vista, conforme nossa NF nº 180, no valor de $ 4.000.

4. Venda de Mercadorias, a prazo, conforme nossa NF nº 1.200, à cliente Paula Novak, no valor de $ 3.000. Houve aceite, no ato, de três duplicatas para vencimentos de 30 em 30 dias.

2.3 Resultado Simplificado da Conta Mercadorias

Nesta seção, você aprenderá a apurar o Resultado da Conta Mercadorias para saber se a empresa comercial obteve lucro ou prejuízo em sua atividade principal.

O Resultado da Conta Mercadorias é também denominado Resultado Operacional Bruto ou Resultado Bruto do Exercício.[1]

Para apurar, no final de um período (em geral no final de um ano) o Resultado da Conta Mercadorias, precisamos, inicialmente, verificar, no Livro Razão, os saldos das contas utilizadas durante o respectivo período para o registro das operações com Mercadorias.

Vamos assumir que, em determinada empresa, os saldos dessas contas, em 31 de dezembro, foram os seguintes:

- Estoque de Mercadorias – saldo devedor de $ 5.000;
- Compras de Mercadorias – saldo devedor de $ 20.000;
- Vendas de Mercadorias – saldo credor de $ 23.000.

Pelo método por nós adotado, ou seja, Conta Desdobrada com Inventário Periódico, para apurar o Resultado da Conta Mercadorias em 31 de dezembro, além das contas supracitadas (que representam o estoque inicial, bem como as compras e as vendas de Mercadorias efetuadas no período), precisamos conhecer o valor das Mercadorias existentes em estoque no último dia do ano. Com esse objetivo, fazemos uma contagem física das Mercadorias, a qual denominamos inventário.

Supondo que o inventário físico realizado em 31 de dezembro tenha sido de $ 12.000, vamos estudar dois processos de apuração: extracontábil e contábil.

2.3.1 Apuração extracontábil

Conheça, agora, a 1ª fórmula aplicada na apuração extracontábil:

1ª fórmula: $$CMV = EI + C - EF$$

Em que:
- CMV = Custo das Mercadorias Vendidas
- EI = Estoque Inicial de Mercadorias
- C = Compras de Mercadorias
- EF = Estoque Final de Mercadorias

---

[1] No Capítulo 5, você estudará o Resultado Líquido do Exercício.

Noções de Contabilidade Comercial

Observe como é fácil a aplicação dessa fórmula:

$$CMV = \$\ 5.000 + \$\ 20.000 - \$\ 12.000$$
$$CMV = \$13.000$$

Uma vez conhecido o valor do CMV, aplica-se a 2ª fórmula:

2ª fórmula:

$$RCM = V - CMV$$

Em que:
- RCM = Resultado da Conta Mercadorias
- V   = Vendas de Mercadorias
- CMV = Custo das Mercadorias Vendidas (apurado na 1ª fórmula)

Observe também como é fácil a aplicação dessa fórmula:

$$RCM = \$\ 23.000 - \$\ 13.000$$
$$RCM = \$\ 10.000$$

Se o RCM for positivo, significa que o valor das vendas de Mercadorias foi superior ao custo das respectivas Mercadorias vendidas; logo, corresponde a lucro. Esse lucro apurado nas vendas de Mercadorias denomina-se Lucro Bruto do Exercício.

Quando o RCM for negativo, significará que o valor das vendas de Mercadorias foi inferior ao custo das respectivas Mercadorias vendidas; logo, corresponderá a prejuízo. Esse prejuízo apurado nas vendas de Mercadorias denomina-se Prejuízo sobre Vendas.

2.3.2 Apuração Contábil

Para facilitar a contabilização do Resultado da Conta Mercadorias, tanto no Diário como no Razão ou nos Razonetes, podemos tomar como roteiro as duas fórmulas apresentadas (CMV e RCM). Acompanhe:

1º passo: reconstituição dos Razonetes

No início da Seção 2.3 (Resultado Simplificado da Conta Mercadorias), dissemos que, para apurar o Resultado da Conta Mercadorias ao término de um período, precisamos verificar, no Livro Razão, os saldos das contas utilizadas durante o respectivo período, para o registro das operações com Mercadorias. Dissemos também que, em determinada empresa, os saldos dessas contas, em 31 de dezembro, foram: Estoque de Mercadorias – débito de $ 5.000; Compras de Mercadorias – débito de $ 20.000; e Vendas de Mercadorias – crédito de $ 23.000.

Para contabilizar o Resultado da Conta Mercadorias, devemos ter em mãos o Livro Razão. Como não estamos na empresa que está gerando os dados para Apuração do Resultado com Mercadorias, obviamente não temos em mãos o Livro Razão. Neste caso, para fins didáticos, precisaremos reconstituí-lo e, para tanto, utilizaremos os Razonetes.

Capítulo 2 • Operações com mercadorias

Observe os Razonetes das três contas movimentadas durante o período, com seus respectivos saldos:

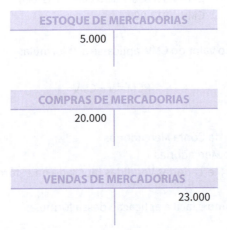

- Sugerimos, para melhor aproveitamento, que você tenha em mãos uma folha com Razonetes e uma folha de Diário. Assim, à medida que as explicações forem se desenvolvendo, você poderá acompanhá-las passo a passo, transcrevendo-as nas respectivas folhas. Inicialmente, abra três Razonetes: um para a conta Estoque de Mercadorias, colocando $ 5.000 no débito; outro para a conta Compras de Mercadorias, colocando $ 20.000 no débito; e outro para a conta Vendas de Mercadorias, colocando $ 23.000 no crédito, conforme apresentamos antes desta nota.

2º passo: Contabilização do CMV

Para contabilizar a apuração do Custo das Mercadorias Vendidas, devemos transferir os saldos de todas as contas que integram a fórmula do CMV para a respectiva conta Custo das Mercadorias Vendidas (CMV).

Como a conta Custo das Mercadorias Vendidas (CMV) não foi movimentada durante o ano, precisaremos abrir um Razonete para ela.

Se você providenciou uma folha com Razonetes e uma folha de Diário, conforme sugerimos na nota anterior, abra agora um Razonete para a conta Custo das Mercadorias Vendidas. Assim, sua folha com Razonetes deverá conter, até este momento, quatro Razonetes com títulos. O Razonete da conta CMV deve ficar em branco, pois, a partir desse momento, começará a receber, por transferência, os saldos de todas as contas que compõem a fórmula apropriada para a apuração do Custo das Mercadorias Vendidas.

Para facilitar a compreensão, a transferência dos saldos das contas para a conta CMV deve ser feita seguindo a ordem em que essas contas se encontram na fórmula.

Assim, na fórmula do CMV, temos:

$$CMV = EI + ...$$

Note que o primeiro elemento da fórmula é o Estoque Inicial, e seu valor está registrado na conta Estoque de Mercadorias, que apresenta, no respectivo Razonete, saldo devedor de $ 5.000.

A transferência do saldo dessa conta para a conta Custo das Mercadorias Vendidas (CMV) é feita por meio do seguinte lançamento no Diário:

(1) Custo das Mercadorias Vendidas
        a Estoque de Mercadorias
                Transferência que se processa, da
                segunda para a primeira das contas
                supra, ref. ao estoque inicial, para
                Apuração do Resultado Bruto.   5.000

Agora, você deverá transcrever esse lançamento de Diário nos Razonetes. Inicialmente, você lançará no Razonete da conta Custo das Mercadorias Vendidas (CMV), no lado do débito, a importância de $ 5.000 e, em seguida, lançará no Razonete da conta Estoque de Mercadorias, no lado do crédito, $ 5.000.

Veja a posição das duas contas envolvidas nesse lançamento, em seus respectivos Razonetes:

CUSTO DAS MERCADORIAS VENDIDAS (CMV)	
(1) 5.000	

ESTOQUE DE MERCADORIAS	
5.000	(1) 5.000

Proceda da mesma maneira nas folhas de Diário e de Razonetes utilizadas por você para acompanhar essas explicações.

Note que, após o lançamento nº 1, a conta Estoque de Mercadorias ficou com saldo igual a zero, pois seu valor foi transferido para a conta CMV.

Continuando a fórmula:

$$CMV = EI + C - ...$$

A transferência do saldo da conta Compras de Mercadorias para a conta Custo das Mercadorias Vendidas (CMV) é feita por meio do seguinte lançamento no Diário:

(2) Custo das Mercadorias Vendidas
    a Compras de Mercadorias
        Transferência que se processa da
    segunda para a primeira das contas
    supra, para Apuração do Resultado Bruto.   20.000

Agora, você deverá transcrever o lançamento nº 2 na folha com Razonetes. Assim, no Razonete da conta Custo das Mercadorias Vendidas (CMV), você lançará, no débito, $ 20.000; e no Razonete da conta Compras de Mercadorias você lançará, no crédito, também $ 20.000.

Veja a posição das contas envolvidas em seus respectivos Razonetes:

CUSTO DAS MERCADORIAS VENDIDAS (CMV)	
(1)	5.000
(2)	20.000

COMPRAS DE MERCADORIAS			
	20.000	(2)	20.000

Note que, após o lançamento nº 2, a conta Compras de Mercadorias ficou com saldo igual a zero, pois seu saldo foi transferido para a conta Custo das Mercadorias Vendidas (CMV).

Continuando com a fórmula, temos:

$$CMV = EI + C - EF$$

Chegou o momento de contabilizarmos o Estoque Final.

O valor do Estoque Final, conforme dito anteriormente, é apurado mediante levantamento físico (inventário) efetuado no último dia do período, que, em nosso exemplo, é 31 de dezembro. Por esse motivo, o valor do Estoque Final não foi ainda registrado pela Contabilidade nem consta em nossos Razonetes. Porém, seu registro é muito simples. Acompanhe:

(3) Estoque de Mercadorias
    a Custo das Mercadorias Vendidas
        Estoque Final conf. inventário
    físico realizado n/ data, constante de
    fls. ... do Livro Registro de Inventários.   12.000

Noções de Contabilidade Comercial

Para registrar o valor do Estoque Final, debitamos a conta Estoque de Mercadorias, que, no Razonete, estava zerada, para que, a partir deste momento, ela passe a representar o Estoque de Mercadorias existente nesta data. Assim, ao elaborar o Balanço Patrimonial, essa conta figurará no Ativo Circulante, representando o Estoque de Mercadorias existente na data do Balanço. Creditamos, também, o mesmo valor na conta Custo das Mercadorias Vendidas, para possibilitar que o saldo dessa conta reflita o custo das Mercadorias que foram vendidas no período.

Para transcrever o lançamento nº 3 nos Razonetes, lançamos a importância de $ 12.000 a débito da conta Estoque de Mercadorias e a crédito da conta Custo das Mercadorias Vendidas (CMV). Veja:

CUSTO DAS MERCADORIAS VENDIDAS (CMV)			
(1)	5.000	(3)	12.000
(2)	20.000		

ESTOQUE DE MERCADORIAS			
	5.000	(1)	5.000
(3)	12.000		

Proceda da mesma forma: escriture o lançamento nº 3 em sua folha de Diário e, em seguida, lance-o em seus Razonetes.

Observe, finalmente, que a conta Estoque de Mercadorias, que teve seu saldo inicial de $ 5.000 transferido para a conta Custo das Mercadorias Vendidas por meio do lançamento nº 1, foi reaberta nesse lançamento nº 3, recebendo, a débito, o valor do Estoque Final.

Concluímos, assim, a fórmula do CMV, pois não há mais conta alguma integrando a respectiva fórmula para que o saldo seja transferido (para a mencionada conta CMV).

Vamos, agora, apurar o saldo da conta Custo das Mercadorias Vendidas (CMV).

CUSTO DAS MERCADORIAS VENDIDAS (CMV)			
(1)	5.000	(3)	12.000
(2)	20.000		
Soma	25.000		
Saldo	13.000		

Observe que o saldo da conta Custo das Mercadorias Vendidas (CMV) é devedor de $ 13.000, cujo valor coincide com o apurado extracontabilmente pela fórmula do CMV. O próximo passo será proceder da mesma maneira com a fórmula do RCM. Acompanhe:

Capítulo 2 · Operações com mercadorias

3º passo: contabilização do RCM

Tal como ocorre com o CMV, a contabilização do RCM é feita por meio da transferência de todos os saldos das contas que integram a fórmula do RCM para a respectiva conta Resultado da Conta Mercadorias (RCM).

O critério é o mesmo adotado para contabilização do CMV: as contas deverão ser transferidas na mesma ordem em que se encontram na respectiva fórmula do RCM.

Como a conta Resultado da Conta Mercadorias (RCM) não foi movimentada durante o ano, devemos abrir um Razonete para ela:

RESULTADO DA CONTA MERCADORIAS (RCM)

Faça o mesmo em sua folha com Razonetes: abra um Razonete para a conta Resultado da Conta Mercadorias (RCM).

Seguindo a fórmula do RCM, temos:

$$RCM = V - \ldots$$

A conta Vendas de Mercadorias constitui o primeiro elemento da fórmula. A transferência do saldo dessa conta para a conta Resultado da Conta Mercadorias (RCM) é feita por meio do seguinte lançamento no Diário:

(4) Vendas de Mercadorias
  a Resultado da Conta Mercadorias
   Transferência que se processa da
  primeira para a segunda das contas
  supra, para Apuração do Resultado Bruto. 23.000

Observe que a conta Vendas de Mercadorias foi debitada nesse lançamento, pois apresentava saldo credor. Com esse débito, a conta Vendas de Mercadorias ficará zerada, e seu saldo será transferido para a conta Resultado da Conta Mercadorias (RCM).

Agora, precisamos transferir o lançamento nº 4 para os Razonetes. Para isso, basta debitar a importância de $ 23.000 no Razonete da conta Vendas de Mercadorias e creditar a mesma importância no Razonete da conta Resultado da Conta Mercadorias (RCM). Veja:

Noções de Contabilidade Comercial

VENDAS DE MERCADORIAS		
(4)	23.000	23.000

RESULTADO DA CONTA MERCADORIAS (RCM)		
	(4)	23.000

Escriture o lançamento nº 4 em sua folha de Diário e, em seguida, transcreva-o em sua folha com Razonetes. Note que, após esse lançamento, a conta Vendas de Mercadorias ficou com saldo igual a zero, o qual foi transferido para a conta Resultado da Conta Mercadorias (RCM).

Continuando a fórmula, temos:

$$RCM = V - CMV$$

A transferência do saldo da conta Custo das Mercadorias Vendidas (CMV) para a conta Resultado da Conta Mercadorias (RCM) é feita por meio do seguinte lançamento:

(5) Resultado da Conta Mercadorias
    a Custo das Mercadorias Vendidas
        Transferência que se processa do
      saldo da segunda para a primeira das
      contas supra, para Apuração do
      Resultado Bruto.   13.000

Agora, basta transferir o valor do lançamento nº 5 para os Razonetes, debitando $ 13.000 na conta Resultado da Conta Mercadorias (RCM) e creditando o mesmo valor na conta Custo das Mercadorias Vendidas (CMV).

Veja a posição das contas envolvidas nos respectivos Razonetes:

CUSTO DAS MERCADORIAS VENDIDAS (CMV)			
(1)	5.000	(3)	12.000
(2)	20.000		
Soma	25.000		
Saldo	13.000	(5)	13.000

Capítulo 2 • Operações com mercadorias

RESULTADO DA CONTA MERCADORIAS (RCM)			
(5)	13.000	(4)	23.000

Escriture o lançamento nº 5 em suas folhas de Diário e de Razonetes. Observe que, após esse lançamento, a conta Custo das Mercadorias Vendidas (CMV), tendo seu saldo transferido para a conta Resultado da Conta Mercadorias (RCM), ficou com saldo igual a zero.

Como na fórmula não há mais elemento algum, também não haverá saldo de conta alguma a ser transferido para a conta RCM. Resta, então, apurar o saldo da conta Resultado da Conta Mercadorias (RCM) em seu respectivo Razonete. Esse saldo deverá coincidir com o Resultado Extracontábil apurado por meio da fórmula do RCM.

Se o saldo da conta Resultado da Conta Mercadorias (RCM) for devedor, corresponderá a Prejuízo sobre Vendas e, se for credor, corresponderá a Lucro sobre Vendas (Lucro Bruto).

Agora, apure em sua folha com Razonetes o saldo da conta Resultado da Conta Mercadorias (RCM) e, em seguida, confira com o seguinte:

RESULTADO DA CONTA MERCADORIAS (RCM)			
(5)	13.000	(4)	23.000
		Saldo	10.000

Com o lançamento nº 5 devidamente escriturado no Livro Diário e no Livro Razão ou nos Razonetes, encerramos os procedimentos necessários à apuração do Resultado da Conta Mercadorias.

Observe que, após esse procedimento, permaneceram abertas e com saldos nos Razonetes as seguintes contas:

- **Estoque de Mercadorias:** com débito de $ 12.000 (esse saldo corresponde ao valor do Estoque Final de Mercadorias existente em 31 de dezembro).
- **Resultado da Conta Mercadorias (RCM):** com saldo credor de $ 10.000, o qual, por ser credor, corresponde ao Lucro Bruto.

A conta Estoque de Mercadorias é Conta Patrimonial e, no Balanço Patrimonial, conforme já dissemos, deverá figurar no grupo do Ativo Circulante.

A conta Resultado da Conta Mercadorias (RCM), cujo saldo foi credor, representa o Lucro Bruto do Exercício e terá esse saldo transferido para a conta Resultado do Exercício no momento da Apuração do Resultado Líquido do Exercício. Contudo, para evidenciar melhor o resultado apurado nas operações com Mercadorias, podemos transferi-lo para uma conta que reflita adequadamente o respectivo resultado. Assim, como em nosso exemplo o resultado foi lucro, podemos efetuar o seguinte lançamento no Diário:

Noções de Contabilidade Comercial

(6) Resultado da Conta Mercadorias
a Lucro sobre Vendas
   Lucro Bruto apurado.   10.000
_____ _____

Caso houvesse prejuízo nas vendas, o que não é muito comum, o lançamento ficaria assim:

Prejuízos sobre Vendas
a Resultado da Conta Mercadorias
   Prejuízo apurado sobre as vendas. $
_____ _____

Para encerrar, você deverá transcrever o lançamento nº 6 em suas folhas de Diário e de Razonetes.

Atividades Práticas ❷

Prática 1 – solucionada

Saldos das contas da empresa Comercial T. Torres Ltda., extraído do Livro Razão em 31 de dezembro de X1:

Estoque de Mercadorias (EI)	100.000
Compras de Mercadorias	500.000
Vendas de Mercadorias	700.000

Sabendo-se que o estoque Final de Mercadorias, conforme inventário físico realizado em 31 de dezembro de X1, foi igual a 200.000, pede-se:

• Calcular extracontabilmente e contabilizar o Resultado da Conta Mercadorias.

Solução

Cálculos extracontábeis:

CMV = 100.000 + 500.000 − 200.000 = 400.000

CMV = 400.000

RCM = 700.000 − 400.000

RCM = 300.000

Contabilização

Inicialmente, você deverá abrir Razonetes para as seguintes contas: Estoque de Mercadorias, Compras de Mercadorias e Vendas de Mercadorias. Em seguida, deverá lançar os saldos das três contas em seus respectivos Razonetes, conforme a natureza de cada um. Depois, precisará abrir mais dois Razonetes: um para a conta CMV e outro para a conta RCM.

Feito isso, deverá proceder à contabilização, escriturando os Fatos em partidas de Diário e, posteriormente, nos Razonetes.

A seguir, apresentamos os respectivos lançamentos em Partidas de Diário e nos Razonetes. Faça os lançamentos propostos nesta atividade e, depois, compare as respostas.

Lançamentos em Partidas de Diário

(1) Custo das Mercadorias Vendidas
a Estoque de Mercadorias
Transferência que se processa etc.   100.000
_____ _____

(2) Custo das Mercadorias Vendidas
a Compras de Mercadorias
Transferência etc.   500.000
_____ _____

(3) Estoque de Mercadorias
a Custo das Mercadorias Vendidas
Estoque final etc.   200.000
_____ _____

(4) Vendas de Mercadorias
a Resultado da Conta Mercadorias
Transferência etc.   700.000
_____ _____

(5) Resultado da Conta Mercadorias
a Custo das Mercadorias Vendidas
Transferência etc.   400.000
_____ _____

(6) Resultado da Conta Mercadorias
a Lucro sobre Vendas
Lucro Bruto apurado.   300.000
_____ _____

Razonetes

ESTOQUE DE MERCADORIAS			
	100.000	(1)	100.000
(3)	200.000		

Noções de Contabilidade Comercial

COMPRAS DE MERCADORIAS		
500.000	(2)	500.000

VENDAS DE MERCADORIAS		
(4)	700.000	700.000

CUSTO DAS MERCADORIAS VENDIDAS		
(1)	100.000	(3)	200.000
(2)	500.000		
Saldo	600.000		
Saldo	400.000	(5)	400.000

RESULTADO DA CONTA MERCADORIAS		
(5)	400.000	(4)	700.000
(6)	300.000	Saldo	300.000

LUCRO SOBRE VENDAS		
(6)	300.000

Prática 2

Saldos das contas da Comercial Serra da Estrela S/A, extraídos do Livro Razão em 31 de dezembro de X1:

Estoque de Mercadorias (EI)	20.000
Compras de Mercadorias	90.000
Vendas de Mercadorias	100.000

Sabendo-se que o estoque final de Mercadorias, conforme inventário realizado em 31/12/X1, foi igual a $ 70.000, pede-se:

- Calcular extracontabilmente e contabilizar o Resultado da Conta Mercadorias.

Prática 3

Saldos das contas da Comercial Buenos Aires Ltda., extraídos do Livro Razão em 31 de dezembro de X1:

Estoque de Mercadorias (EI)	18.000
Compras de Mercadorias	22.000
Vendas de Mercadorias	29.000

Sabendo-se que o estoque final de Mercadorias, conforme inventário realizado em 31/12/X1, foi igual a $ 5.000, pede-se:

- Calcular extracontabilmente e contabilizar o Resultado da Conta Mercadorias.

2.4 Fatos que alteram os valores de compras e vendas

Você estudou, até aqui, a contabilização das Compras e das Vendas de Mercadorias, bem como a Apuração do Resultado da respectiva conta (Resultado Bruto), de modo simplificado, isto é, sem a interferência de Fatos que alteram os valores de Compras e Vendas.

Chegou o momento de você estudar esses Fatos e aprender a apuração da conta Mercadorias com a influência deles.

2.4.1 Fatos que alteram os valores de compras

2.4.1.1 Fretes e seguros sobre compras

São importâncias pagas diretamente ao fornecedor de uma empresa, ou a uma empresa transportadora, referentes a Despesas com Seguros e transporte de Mercadorias do estabelecimento do Fornecedor até a empresa que as comprou.

Exemplo: vamos assumir que nossa empresa tenha pagado a importância de $ 3.000 à Transportadora Nina S/A, referente a Fretes e Seguros de transporte até o nosso estabelecimento, de Mercadorias adquiridas do fornecedor Claudio Raul Ltda., conforme Nota Fiscal de Serviço de Transporte nº 10.777.

Registro no Livro Diário:

Fretes e Seguros sobre Compras
a Caixa
     N/ pagamento da NF nº 10.777 da
     Transportadora Nina S/A, ref. a
     Fretes e Seguros.   3.000

Noções de Contabilidade Comercial

2.4.1.2 *Compras anuladas ou devoluções de compras*

Consiste na devolução total ou parcial das Mercadorias adquiridas tendo em vista Fatos desconhecidos no momento da compra.

As Devoluções de compras ocorrem, por exemplo, quando, ao recebermos as Mercadorias adquiridas de nossos Fornecedores, constatarmos que as referidas Mercadorias sofreram avarias no transporte, não correspondem ao pedido ou, ainda, por qualquer outro motivo, não atendem a nossas expectativas.

Exemplo: suponhamos que nossa empresa tenha devolvido parte da Compra de Mercadorias efetuada junto ao fornecedor Claudio Raul Ltda. Para acompanhar as Mercadorias devolvidas, emitimos a Nota Fiscal nº 5.202, no valor de $ 2.000. O Fornecedor nos devolveu a importância em dinheiro.

Registro no Livro Diário:

```
Caixa
a Compras Anuladas
        N/ devolução de parte da compra
     efetuada do fornecedor Claudio Raul
     Ltda., conf. n/NF nº 5.202.                2.000
_____  _____
```

2.4.1.3 *Abatimento sobre compras*

Sempre que nossa empresa, ao receber Mercadorias adquiridas de Fornecedores, constatar que tais Mercadorias, por motivos desconhecidos no momento da compra, não atendem a nossas expectativas, poderemos devolvê-las total ou parcialmente, conforme exemplificado na seção anterior. Contudo, havendo interesse em ficar com elas, poderemos solicitar um abatimento ao fornecedor.

Se o abatimento no preço de compra for concedido, nossa empresa não precisará devolver as Mercadorias, entretanto, pagará por elas um valor menor que o constante dos documentos fiscais originalmente emitidos.

Exemplo: como as Mercadorias adquiridas mediante Nota Fiscal nº 544, da fornecedora Fernanda Musser, chegaram com avarias sofridas no transporte, nossa empresa obteve do Fornecedor um abatimento no valor de $ 5.000. A compra tinha sido efetuada a prazo.

Veja como o Fato será registrado no Livro Diário:

```
Fornecedores
Fernanda Musser
a Abatimentos sobre Compras
        Abatimento obtido tendo em vista
     avaria ocorrida no transporte ref.
     n/ compra conf. s/ NF nº 544.              5.000
_____  _____
```

2.4.1.4 Descontos Incondicionais Obtidos

São Descontos que nossa empresa ganha dos fornecedores quando efetuamos Compras de Mercadorias. Aparecem destacados nas Notas Fiscais e são oferecidos sem a imposição de condição alguma.

Exemplo: compra de Mercadorias, à vista, do fornecedor Mel C. S/A, conforme Nota Fiscal nº 530, no valor de $ 4.000. Houve desconto destacado na Nota Fiscal no valor de $ 400.

A contabilização desse tipo de desconto, do ponto de vista técnico, é desnecessária, podendo a compra ser registrada por seu valor líquido. Entretanto, havendo interesse, a contabilização poderá ser feita da seguinte maneira:

```
Compras de Mercadorias
a Diversos
      Nossa compra, conf. NF nº 530 do
      fornecedor Mel C. S/A, como segue:
a Caixa
      Valor líquido pago.                        3.600
      a Descontos Incondicionais Obtidos
      10% destacados na NF supra.                        400      4.000
```

- Tendo em vista que os saldos das contas Fretes e Seguros sobre Compras, Compras Anuladas, Abatimentos sobre Compras e Descontos Incondicionais Obtidos interferem no valor das Compras, eles serão transferidos para a conta CMV, no final do Exercício, por ocasião da Apuração do Resultado Bruto.

2.4.1.5 Juros Embutidos nas Compras a Prazo

Segundo estabelecem as normas contábeis, ao se contabilizar uma compra efetuada para pagamento em longo prazo, ou mesmo para pagamento em curto prazo, porém com efeitos relevantes para o patrimônio, deve-se expurgar do custo da referida compra o montante dos juros cobrados pelo fornecedor.

É preciso considerar que, nas compras a prazo, normalmente o preço que o comprador pagará ao fornecedor é superior ao preço que pagaria se efetuasse a compra da mesma Mercadoria à vista. Portanto, a diferença entre o preço de compra a prazo e o preço de compra à vista é o custo do financiamento e, por esse motivo, deve ser reconhecida como despesa de juros durante o período do financiamento.

Suponhamos o seguinte Fato ocorrido em uma empresa comercial: compra de Mercadorias, a prazo, da fornecedora Érica S/A, conforme NF nº 20, no valor de $ 1.000. Considerar que os juros embutidos pelo fornecedor foram de $ 100 e que o pagamento será efetuado em dez parcelas mensais iguais de $ 100.

Levando em conta, ainda, que a empresa adota a conta desdobrada com inventário periódico para o registro das operações com Mercadorias, veja como esse Fato será contabilizado:

Diversos
a Fornecedores (ou Duplicatas a Pagar)
a Érica S/A
    Compra de Mercadorias conf. NF
  nº 20, como segue:
Ajuste a Valor Presente (ou Juros Passivos a Vencer)
    Juros embutidos na operação.   100
Compra de Mercadorias
    Valor líquido da operação.   900   1.000

Observe que a conta Ajuste a Valor Presente, neste caso, representa despesa financeira antecipada (poderia receber outras denominações como Despesas Financeiras a Vencer, Juros Passivos a Vencer etc.). Essa conta é redutora da conta Fornecedores e figurará no Balanço Patrimonial como segue:

PASSIVO CIRCULANTE

- Fornecedores   1.000
- (–) Ajuste a Valor Presente   (100)
- Saldo   900

- Por ocasião do pagamento de cada parcela ao fornecedor, a empresa deverá providenciar dois lançamentos no Diário:

    a) um para registrar o valor bruto da parcela paga ao fornecedor, mediante débito na conta Fornecedores e crédito na conta Caixa ou Bancos conta Movimento;

    b) outro para apropriar como despesa o valor dos juros relativos à parcela paga, mediante débito na conta Juros Passivos e crédito na conta Ajustes a Valor Presente.

2.4.2 Fatos que alteram os valores de vendas

2.4.2.1 Vendas Anuladas ou Devoluções de Vendas

Consiste no recebimento em Devolução do total ou de parte das Mercadorias vendidas, tendo em vista motivos desconhecidos no momento da venda.

    As Devoluções de Vendas ocorrem, por exemplo, quando nossos clientes, ao receberem as Mercadorias, constatarem que as referidas Mercadorias sofreram avarias no transporte, não correspondem ao pedido ou, ainda, por qualquer outro Fato, não atendem às suas expectativas.

    Exemplo: recebemos do cliente John Delegredo, em Devolução, Mercadorias no valor de $ 6.000, referentes à parte de nossa venda efetuada mediante nossa NF nº 2.000. Foi restituído, ao cliente, o valor em dinheiro.

Registro no Livro Diário:

Vendas Anuladas
a Caixa
    Devolução de Venda recebida do
cliente John Delegredo, ref. parte
da nossa NF nº 2.000.   6.000

_____ _____

2.4.2.2 *Abatimentos sobre Vendas*

Quando nossos clientes, ao receberem Mercadorias adquiridas de nossa empresa, constatarem alguma irregularidade (avaria em decorrência do transporte, modelo não correspondente ao pedido etc.), eles poderão devolvê-las total ou parcialmente ou solicitar abatimento no preço de custo.

Exemplo: como as Mercadorias vendidas a Di Lucchio Ltda., constantes de nossa NF nº 333, chegaram com avarias ao seu destino, concedemos ao cliente um abatimento no valor de $ 1.000. O valor da NF citada é de $ 8.000, e a venda foi efetuada a prazo.

Veja como fica o registro no Livro Diário:

Abatimento sobre Vendas
a Clientes
a Di Lucchio Ltda.
    Abatimento concedido por avarias
ocorrida no transporte, ref. à nossa
NF nº 333.   1.000

_____ _____

2.4.2.3 *Descontos Incondicionais Concedidos*

Independentemente de qualquer condição posterior à emissão da Nota Fiscal, nossa empresa também poderá oferecer Descontos, destacando-os nas Notas Fiscais de venda.

Exemplo:

Venda de Mercadorias a Julia Sanches, conforme nossa NF nº 2.030, no valor de $ 8.000, tendo sido concedido Desconto Incondicional, destacado na própria NF, de $ 800.

A exemplo do que ocorre com o Desconto Incondicional obtido (estudado na Seção 2.4.1.4), a contabilização do Desconto Incondicional Concedido também é desnecessária. Entretanto, havendo interesse em registrá-lo, a contabilização do evento poderá ser efetuada da seguinte maneira:

Diversos
a Vendas de Mercadorias
    Nossa NF nº 2.030, ref. venda a
Julia Sanches, como segue:
Caixa
    Valor líquido da Nota.   7.200

Descontos Incondicionais Concedidos
10% destacados na NF supra.   800   8.000

- Os valores dos Fretes e dos Seguros calculados sobre as vendas, quando ocorrerem por Conta do Fornecedor (vendedor), deverão ser contabilizados em contas representativas de Despesas Operacionais, classificadas no grupo das Despesas com Vendas. Portanto, esses gastos não interferem no Valor das Vendas de Mercadorias.
- Como os saldos das contas Vendas Anuladas, Abatimentos sobre Vendas e Descontos Incondicionais Concedidos interferem no valor das Vendas, eles serão transferidos para a conta RCM, no final do Exercício, por ocasião da Apuração do Resultado Bruto.

2.4.2.4 *Juros Embutidos nas Vendas a Prazo*

Pelas mesmas razões já comentadas com relação às compras a prazo, ao se contabilizar uma venda efetuada para recebimento em longo prazo, ou mesmo para recebimento em curto prazo, porém com efeitos relevantes para o patrimônio, deve-se expurgar do montante da referida venda o valor dos juros cobrados do cliente.

Para fins de aplicação dessa regra, devem-se considerar as taxas de juros usuais no mercado, ainda que o vendedor utilize, em benefício de seu cliente, taxas menores que as usuais.

Suponhamos o seguinte Fato ocorrido em uma empresa comercial: venda de Mercadorias, a prazo, no valor de $ 5.000, para a cliente Ísis Nakamura, conforme Nota Fiscal nº 32.

Considerar que os juros embutidos na operação foram de $ 300 e que a venda será recebida em dez parcelas mensais iguais de $ 500.

Veja como o Fato será contabilizado, considerando, ainda, que a empresa adota a conta desdobrada com inventário periódico para o registro das operações com Mercadorias:

Clientes (ou Duplicatas a Receber)
Ísis Nakamura
a Diversos
    Venda conf. NF nº 32 etc., como segue:
a Ajuste a Valor Presente (Receita Financeira a Vencer)
    Juros embutidos na operação etc.   300
a Vendas de Mercadorias
    Valor líquido etc.   4.700   5.000

A conta Ajuste a Valor Presente, agora, é redutora da conta Clientes. Essa conta, que, neste caso, representa receitas de juros antecipados, poderia receber a intitulação de Receitas Financeiras a Vencer, Juros Ativos a Vencer etc.

Capítulo 2 • Operações com mercadorias   47

Veja como ficarão no Balanço:

ATIVO CIRCULANTE

- Clientes   5.000
- (–) Ajuste a Valor Presente   (300)
- Saldo   4.700

nota
- Por ocasião do recebimento de cada parcela, a empresa deverá providenciar dois lançamentos no Livro Diário:
   a) um para registrar o valor bruto da parcela recebida do cliente, mediante débito na conta Caixa e crédito na conta Clientes;
   b) outro para apropriar como receita o valor dos juros relativos à parcela recebida, mediante débito na conta Ajustes a Valor Presente e crédito na conta Juros Ativos.

Atividades Práticas

Contabilize os seguintes Fatos, em partidas de Diário, considerando que a empresa adota o Método da Conta Desdobrada com Inventário Periódico:

1. NF nº 823 do fornecedor B. J. S/A, referente a compra de Mercadorias no valor de $ 20.000. O pagamento foi efetuado por meio do cheque de nossa emissão, nº 004, contra o Banco Cardoso S/A.
2. NF nº 1.438, da Transportadora Trust Ltda., referente a despesas com fretes e seguros sobre nossa compra efetuada do fornecedor B. J. S/A. O pagamento foi efetuado em dinheiro, no valor de $ 1.400.
3. Tendo em vista que parte das Mercadorias adquiridas do fornecedor B. J. S/A continham defeitos de fabricação, foi concedido um abatimento na referida compra, no valor de $ 2.000, conf. NF nº 1.040.
4. NF nº 2.399, do fornecedor Roberto & João Ltda., referente a compra de Mercadorias no valor de $ 40.000. Na própria NF, constou desconto de $ 4.000 e a compra foi efetuada a prazo, conforme aceite da duplicata nº 01, para 30 dias.
5. N/ NF. nº 250, referente a devolução de parte da compra efetuada do fornecedor Roberto & João Ltda., no valor de $ 3.000.
6. N/ NF nº 374 referente a venda de Mercadorias, à vista, no valor de $ 5.000.
7. NNFE nº 401, referente à devolução de parte da venda efetuada ao cliente Guilherme Silva, no valor de $ 500. O valor foi restituído ao cliente por meio do cheque de nossa emissão, nº 202, contra o Banco Cardoso S/A.

8. NNF nº 860, referente a venda de Mercadorias a prazo, à cliente Anna Maccari, no valor de $ 7.700. Foi concedido à cliente um desconto devidamente destacado na própria NF, no valor de $ 700.

9. A pedido da cliente Anna Maccari, concedemos um abatimento no preço das Mercadorias, por causa de avarias sofridas no transporte, no valor de $ 100. Para caracterizar a operação, emitimos a NF nº 921.

2.4.3 Tributos incidentes sobre Compras e Vendas

As operações de compras e vendas de Mercadorias poderão ou não estar sujeitas à incidência de tributos.

Nos casos em que a operação estiver sujeita à incidência de tributos, para sua contabilização será preciso considerar as seguintes situações:

a) os tributos poderão estar inclusos no valor das Mercadorias ou a ele adicionados;

b) os tributos poderão ser cumulativos (não recuperáveis) ou não cumulativos (recuperáveis).

Nos casos em que os tributos incidentes sobre as compras forem cumulativos (não recuperáveis), eles integrarão o custo das Mercadorias adquiridas; em contrapartida, quando forem recuperáveis, isto é, não cumulativos, eles deverão ser contabilizados em contas específicas, não integrando, assim, o custo das Mercadorias adquiridas.

Quem determina se haverá ou não incidência de tributos, os títulos e as finalidades de cada um, se eles serão recuperáveis ou não é o Governo de cada nação, por meio de legislação própria.

Os tributos poderão receber intitulações de acordo com sua natureza ou finalidade.

No Brasil, por exemplo, em 2019, ano em que este livro foi escrito, havia pelo menos três tributos que incidiam sobre as operações de compra e venda de Mercadorias:

- ICMS: Imposto sobre Operações Relativas à Circulação de Mercadorias e sobre Prestações de Serviços de Transporte Interestadual e Intermunicipal e de Comunicação;
- PIS: Contribuição para o Programa de Integração Social;
- COFINS: Contribuição para o Financiamento da Seguridade Social.

É importante destacar que a legislação, ao longo do tempo, pode mudar as nomenclaturas dos tributos existentes, bem como suas finalidades, ou, ainda, criar ou excluir alguns deles.

Vale salientar, também, que em outros países poderão existir mais ou menos tributos recuperáveis que os existentes no Brasil, com intitulações e finalidades próprias, ou até inexistir tributo sobre as operações de compras e vendas de Mercadorias.

2.4.3.1 *Tributos Recuperáveis*

A seguir são apresentadas as informações mais importantes que você precisa saber:

- Em primeiro lugar, você precisa saber que os tributos incidentes sobre as Mercadorias adquiridas ou vendidas pela empresa pertencem ao governo, e não à empresa compradora ou vendedora. Assim, se uma empresa vende Mercadorias por $ 100 com tributo embutido nesse preço correspondente a $ 10, significa que dos $ 100 que a empresa receberá de seu cliente pela venda da Mercadoria, ela terá de repassar $ 10 para o governo, pois essa importância pertence a ele.
- O tributo cujo valor está incluso no preço das Mercadorias é também denominado tributo por dentro. Assim, a aquisição de determinada Mercadoria por $ 1.000, com tributo recuperável incidente pela alíquota de 18%, indica que o custo da Mercadoria corresponde a $ 820, e o tributo, a $ 180. Neste caso, o total do documento Fiscal será igual a $ 1.000.
- O tributo cujo valor não está incluso no preço das Mercadorias, isto é, é cobrado além do valor das Mercadorias, é também denominado tributo por fora. Assim, a aquisição de determinada Mercadoria por $ 500, com tributo recuperável incidente pela alíquota de 10%, indica que o custo da Mercadoria corresponde a $ 500, e o tributo, a $ 50. Neste caso, o total do documento Fiscal será igual a $ 550.
- A denominação "tributo não cumulativo" significa que o valor incidente em uma operação (Compra) será compensado do valor incidente na operação subsequente (Venda).
- A alíquota (porcentagem) poderá variar em função do tipo da Mercadoria, do destino ou origem etc.

2.4.3.1.1 Mecanismo de Incidência dos Tributos Recuperáveis

A contabilização dos tributos recuperáveis torna-se muito simples a partir do momento em que você passa a conhecer o mecanismo que envolve a incidência desses tributos nas operações de compra e de venda de Mercadorias.

Vamos tratar, nesta seção, de tributo recuperável cujo valor esteja embutido no preço de compra (e de venda) das Mercadorias.

Você já sabe que a atividade principal de uma empresa comercial se concentra em duas operações: compra e venda.

Quando uma empresa comercial compra Mercadorias, paga ao Fornecedor, além do custo dessas Mercadorias, uma parcela correspondente ao tributo recuperável.

Quando uma empresa comercial vende Mercadorias, recebe do cliente, além do valor da venda, uma parcela correspondente ao tributo, que terá de ser repassada aos cofres públicos.

Observe, no entanto, que, por se tratar de tributo recuperável (não cumulativo), antes de repassar para o governo a parcela recebida do Cliente (constante do documento fiscal de venda), a empresa poderá compensar, desse total, o valor do mesmo tributo que pagou ao Fornecedor (constante do documento fiscal de compra) por ocasião da compra da Mercadoria que está sendo vendida.

Noções de Contabilidade Comercial

Exemplo: vamos assumir que sua empresa tenha adquirido determinado lote de Mercadorias de um fornecedor, pagando $ 100, com tributo recuperável incluso no valor de $ 18. O fornecedor, ao receber os $ 100, terá de repassar $ 18 ao governo. Dessa forma, você pagou ao Fornecedor $ 100, sendo $ 82 correspondentes ao Custo das Mercadorias adquiridas e $ 18 correspondentes ao tributo recuperável.

Vamos assumir, agora, que você tenha vendido o mesmo lote de Mercadorias a um cliente por $ 150, com incidência da mesma modalidade de tributo recuperável, incluso no valor do lote de Mercadorias vendidas no valor de $ 27. Desses $ 150 que você recebeu de seu cliente (Receita Bruta de Vendas), $ 123 correspondem à Receita Líquida de Vendas e $ 27 correspondem ao tributo que você deveria recolher aos cofres públicos.

É isso mesmo, deveria recolher, pois, tratando-se de tributo não cumulativo, você tem direito de compensar (abater) desses $ 27, devidos em função da venda do lote de Mercadorias, os $ 18 de tributos recuperáveis que pagou pelo mesmo lote quando o comprou de seu Fornecedor. Assim, você recolherá ao Governo apenas $ 9, ou seja, $ 27 – $ 18.

Diante do exposto, chegamos às seguintes conclusões:

- O valor do tributo recuperável pago ao Fornecedor por ocasião da compra representa Direito para sua empresa junto ao Governo.
- O valor do tributo recuperável recebido de cliente por ocasião da venda representa Obrigação de sua empresa junto ao Governo. Normalmente, a legislação tributária estabelece que as operações com tributos recuperáveis que envolvem direitos e obrigações junto ao Governo podem ser apuradas mensalmente da seguinte maneira:
  - no final do mês, somam-se os valores do tributo recuperável incidentes em todas as compras efetuadas durante o referido mês (direitos da empresa);
  - da mesma forma, somam-se os valores do mesmo tributo (isto é, do tributo da mesma modalidade daquele incidente na compra da Mercadoria que está sendo vendida) incidentes em todas as vendas efetuadas no mesmo mês (obrigações da empresa), ainda que essas Mercadorias vendidas não correspondam àquelas compradas no mesmo mês;
  - se o total do tributo incidente nas compras for superior ao total do tributo incidente nas vendas, a diferença representará direito da empresa junto ao Governo em relação às operações realizadas naquele mês com o mesmo tributo. Se o total do tributo incidente nas vendas for superior ao total do tributo incidente nas compras, a diferença representará obrigação da empresa, devendo ser recolhida aos cofres públicos no mês seguinte.

Agora que você conhece o mecanismo que envolve o funcionamento dos tributos recuperáveis (não cumulativos) nas operações de compra e de venda, na seção a seguir você verá como é fácil contabilizar tributos dessa natureza.

2.4.3.1.2 Contabilização de Tributos Recuperáveis

Vários critérios podem ser adotados para a contabilização de tributos recuperáveis. Nesta seção, estudaremos sua contabilização pelo Critério da Conta Única, também conhecido como Critério da Conta-Corrente, pelo qual se adota uma só conta para registrar os direitos e as obrigações relativas ao tributo.

Assim, os Direitos relativos a determinado tributo recuperável originados pelas compras e as Obrigações geradas pelas vendas são contabilizados em uma única conta, que poderá ser intitulada Conta-Corrente de Tributos Recuperáveis.

Lembramos que essa intitulação é apenas uma sugestão, pois o ideal é que ela contenha o nome do próprio tributo. Veja mais exemplos de intitulações que podem ser utilizadas: Tributos a Recuperar, Tributos a Compensar, Tributo X a Recuperar, Tributo X a Compensar etc.

Suponhamos os seguintes Fatos ocorridos em uma empresa comercial durante o mês de outubro:

1. Compras de Mercadorias, à vista, do fornecedor Casa Portugal S/A, conforme Nota Fiscal nº 501, no valor de $ 10.000, com tributo recuperável incidente de $ 1.800.
2. Vendas de Mercadorias efetuadas durante o mês, à vista, conforme nossas Notas Fiscais nºs 20 a 80, no valor de $ 30.000, com tributo incidente de $ 5.400.

Considerando que neste mês ocorreram somente essas operações, veja como deverão ser contabilizadas:

```
(1)  Diversos
       a Caixa
          NF nº 501 de Casa Portugal S. A.,
          como segue:
       Compras de Mercadorias
          Valor líquido das Mercadorias.              8.200
       Tributos a Recuperar
          Incidente s/ compra supra pela
          alíquota de 18%.                            1.800      10.000
```

> **Observações**
>
> ▸ A conta Compras de Mercadorias foi debitada pelo valor do Custo das Mercadorias adquiridas, que corresponde ao total constante da Nota Fiscal diminuído do valor do tributo. O saldo desta conta será transferido para a conta CMV, no final do Exercício, por ocasião da Apuração do Resultado Bruto.
>
> ▸ A conta Tributos a Recuperar, que é do Ativo Circulante e representa direito da empresa junto ao Governo, foi debitada pelo valor do tributo incidente na compra.

```
(2)  Caixa
       a Vendas de Mercadorias
          Conf. N/ NF nºs 20 a 80.                    30.000
```

Noções de Contabilidade Comercial

(3) Tributos sobre Vendas
a Tributos a Recuperar
Incidente sobre vendas supra,
calculado pela alíquota de 18%. 5.400

_____ _____

> **Observações**
>
> ▶ Observe que, no registro das compras com incidência de tributos recuperáveis, é suficiente o registro por meio de um só lançamento. O mesmo não acontece no registro das vendas com incidência de tributos recuperáveis, para as quais são necessários dois lançamentos: o primeiro, para registrar o valor da Receita Bruta de Vendas (valor das Mercadorias no qual está embutido o valor do tributo), e o segundo, para registrar, separadamente, o valor do tributo incidente.
>
> ▶ A conta Vendas de Mercadorias, creditada no lançamento nº 2, representa a Receita Bruta de Vendas e, por esse motivo, deve ser creditada pelo valor total da Nota Fiscal, o qual engloba os valores das Mercadorias e do tributo. O saldo dessa conta será transferido para a conta RCM, no final do Exercício, por ocasião da Apuração do Resultado Bruto.
>
> ▶ A conta Tributos sobre Vendas, debitada no lançamento nº 3, é Conta de Resultado, redutora da Receita Bruta de Vendas, e seu saldo será transferido para a conta RCM, no final do exercício, por ocasião da Apuração do Resultado Bruto.
>
> ▶ A conta Tributos a Recuperar, creditada no lançamento nº 3, é a mesma que foi debitada no lançamento nº 1. Observe que essa conta funciona como conta-corrente, podendo ser usada tanto para lançar, a seu débito, os Direitos decorrentes do tributo incidente nas compras, como para lançar, a seu crédito, as Obrigações decorrentes do tributo incidente nas vendas.

Considerando que durante o mês de outubro ocorreram somente essas operações envolvendo tributos recuperáveis, precisamos apurar, no último dia do mês, o saldo da conta Tributos a Recuperar, para verificar se nesse mês a movimentação com Mercadorias gerou Direito ou Obrigação para com o Governo, no que diz respeito aos tributos recuperáveis incidentes nessas operações.

TRIBUTOS A RECUPERAR			
(1)	1.800	(3)	5.400
		Saldo	3.600

O saldo credor apurado indica que as obrigações superaram os direitos no referido mês; logo, essa importância deverá ser recolhida ao governo no mês seguinte.

Para regularizar a situação, ainda no último dia de outubro, faremos:

(4) Tributos a Recuperar
 a Tributos a Recolher
  Saldo credor apurado nas operações
  realizadas n/ mês.   3.600
 _____   _____

Após esse lançamento, a conta Tributos a Recuperar fica com saldo igual a zero, e a conta Tributos a Recolher, que é do Passivo Circulante, fica com saldo credor de $ 3.600, indicando a obrigação da empresa.

No mês em que a conta Tributos a Recuperar apresentar saldo devedor, esse saldo indicará que, nesse mês, a movimentação com Mercadorias resultou em direito da empresa junto ao Governo, no que se refere aos tributos recuperáveis. Neste caso, não caberá lançamento de ajuste, pois a conta Tributos a Recuperar, sendo do Ativo Circulante e tendo saldo devedor (positivo), reflete o direito da empresa a ser compensado no movimento do mês seguinte.

- Em uma mesma operação poderá incidir mais de um tributo recuperável. Neste caso, estando esses tributos recuperáveis embutidos no valor da compra, estes deverão ser subtraídos para que o custo das Mercadorias seja contabilizado pelo valor líquido e cada tributo seja contabilizado por seu respectivo valor a ser recuperado. Assim, cada tributo será contabilizado em conta específica com um nome que o identifique, por exemplo, Tributo A a Recuperar, Tributo B a Recuperar etc.

2.4.3.2 *Tributos Não Recuperáveis*

Os tributos incidentes sobre as operações de compras de Mercadorias, considerados não recuperáveis ou cumulativos, devem integrar o custo das Mercadorias adquiridas, não oferecendo dificuldade alguma para sua contabilização.

Conforme já dissemos, é o Governo que determina se o tributo é recuperável ou não.

Apenas para completar o raciocínio, veja um exemplo de compra de Mercadorias com incidência de tributo não recuperável:

Vamos assumir que a empresa Comercial Paulistinha S/A tenha adquirido um lote de Mercadorias da empresa Comercial Carioquinha S/A, tendo pagado, em dinheiro, a importância de $ 500.000, com incidência de tributo não recuperável e embutido no respectivo preço, no valor de $ 50.000. O fornecedor emitiu a Nota Fiscal nº 321.

Contabilização:

Compras de Mercadorias
 a Caixa
  Conf. NF nº 321 do fornecedor
  Comercial Carioquinha S/A.   500.000
 _____   _____

Observação

▸ Conforme você pôde observar, embora na operação tenha incidido tributo no valor de $ 50.000, embutido no preço das Mercadorias, esse tributo integra o custo de aquisição, pois não será recuperado pela Comercial Paulistinha S/A, que adquiriu as Mercadorias em questão.

nota

- Para registrar vendas de mercadorias com incidência de tributo cumulativo, são necessários dois lançamentos, semelhantes aos dois apresentados no exemplo das vendas com tributo não cumulativo: no primeiro, debita-se a conta Caixa, Clientes ou Duplicatas a Receber e credita-se a conta Vendas de Mercadorias; no segundo, debita-se a conta Tributos sobre Vendas e credita-se a conta Tributos a Recolher.

Atividades Práticas

Prática 1

Contabilize as seguintes operações ocorridas em uma empresa comercial durante o mês de março:

1. Compra de Mercadorias, conforme NF nº 1.287, de Inovação S/A, à vista, no valor de $ 5.000. Tributo recuperável destacado pela alíquota de 18% = $ 900.
2. Vendas efetuadas durante o mês, à vista, conforme nossas Notas Fiscais nºs 100 a 120, no valor de $ 8.000 (tributo recuperável = $ 1.440).

Pede-se:
a) Contabilize os Fatos supra.
b) Apure o saldo da conta representativa do tributo a recuperar, sabendo que não havia saldo remanescente do mês anterior.

Prática 2

Em uma empresa comercial ocorreram, durante o mês de junho, os seguintes Fatos:

1. Compra de Mercadorias, conforme Nota Fiscal nº 9.211, da Comercial Carioquinha, no valor de $ 20.000 (tributos recuperáveis = $ 3.600).
2. Venda de Mercadorias, a prazo, à cliente Doroteia Sá Ltda., conforme nossa NF nº 571, no valor de $ 10.000 (tributo não recuperável incidente = $ 1.800).
3. Vendas de Mercadorias, à vista, efetuadas no mês, conforme Livro Registro de Saídas modelo 2-A, no valor de $ 30.000 (tributos recuperáveis incidentes = $ 5.400).

Pede-se:
a) Contabilize os respectivos Fatos.
b) Apure o resultado da conta Tributos a Recuperar, sabendo que essa conta tinha saldo remanescente do mês anterior, devedor, no valor de $ 6.000. Ajuste-a.

2.5 Resultado completo da conta Mercadorias

2.5.1 Fórmulas

Conforme já estudamos, os valores das compras e das vendas podem sofrer alterações em função de Compras e Vendas Anuladas, Descontos ou Abatimentos Incondicionais Obtidos ou Concedidos, Fretes e Seguros sobre Compras, juros embutidos nas compras e nas vendas a prazo, além de tributos incidentes sobre as compras e vendas.

Assim, para apurar o Resultado da Conta Mercadorias em empresas comerciais, em que, durante o ano, ocorreram Fatos que alteraram os valores das compras e das vendas, utilizaremos as seguintes fórmulas:

1ª Fórmula:
$$CMV = EI + (C + FC - CA - DIO - AC) - EF$$

Em que:

- CMV = Custo das Mercadorias Vendidas
- EI   = Estoque Inicial
- C   = Compras de Mercadorias
- FC   = Fretes e Seguros sobre Compras
- CA   = Compras Anuladas
- DIO = Descontos Incondicionais Obtidos
- AC   = Abatimentos sobre Compras
- EF   = Estoque Final

2ª Fórmula:
$$RCM = (V - VA - DIC - AV - TRIBUTOS) - CMV$$

Em que:

- RCM = Resultado da Conta Mercadorias
- V   = Vendas de Mercadorias
- VA   = Vendas Anuladas
- DIC = Descontos Incondicionais Concedidos
- AV   = Abatimentos sobre Vendas
- TRIBUTOS = tributos em geral que podem incidir sobre as vendas de Mercadorias.
- CMV = Custo das Mercadorias Vendidas

Portanto, para contabilizar o Resultado da Conta Mercadorias quando aparecem Fatos que alteram os valores das compras e vendas, o procedimento que sugerimos é o mesmo já estudado para as fórmulas simplificadas do CMV e do RCM, ou seja, inicialmente se transferem para a conta CMV todos os valores dos elementos que compõem a respectiva fórmula (na ordem em que aparecem na fórmula); em seguida, procede-se da mesma maneira em relação ao RCM. Observe que, na fórmula do CMV, colocamos entre parênteses o conjunto (C + FC - CA - DIO - AC), que nos permite conhecer o valor das compras líquidas; e, na fórmula do RCM, colocamos entre parênteses o conjunto (V - VA - DIC - AV - TRIBUTOS), que nos permite conhecer o valor das vendas líquidas.

Noções de Contabilidade Comercial

É importante destacar que os juros embutidos nas compras e nas vendas a prazo, pela sistemática que orientamos no presente capítulo, não integram o valor das compras nem das vendas. Por esse motivo, esses juros não integram as fórmulas do CMV e do RCM.

2.5.2 Rateio dos Fretes e Seguros sobre Compras

Os valores dos Fretes e Seguros sobre Compras devem integrar o Custo das Mercadorias Adquiridas. Entretanto, pelo Sistema que adotamos neste livro (Inventário Periódico), esse gasto pode ser contabilizado em conta própria, denominada Fretes e Seguros sobre Compras. Dessa forma, no último dia do período, havendo Estoque Final de Mercadorias, será necessário ratear o valor desses Fretes e Seguros entre as contas CMV e Estoque de Mercadorias (Estoque Final).

O rateio poderá ser feito com base na seguinte fórmula:

$$\text{FC s/ Estoques} = \frac{EF}{C - CA - DIO} \times FC$$

Em que:

- FC s/ Estoques = Fretes e Seguros sobre Estoques

O valor encontrado pela aplicação dessa fórmula corresponde ao valor da conta Fretes e Seguros sobre Compras, que deverá ser transferido para a conta Estoque de Mercadorias.

O valor a ser transferido para a conta Custo das Mercadorias Vendidas (CMV) corresponde à diferença entre o saldo da conta Fretes e Seguros sobre Compras e o valor encontrado na presente fórmula.

Assim, dois lançamentos serão efetuados:

1. Transferência para o CMV

   Custo das Mercadorias Vendidas (CMV)
   a Fretes e Seguros sobre Compras
       Transferência que se processa da
   2ª para a 1ª das contas supra, ref. à
   parte dos Fretes e Seguros sobre
   Compras, que devem integrar o CMV
   neste período, conf. cálculos. $

   _____ _____

Essa transferência deve ser efetuada em conjunto com as transferências do valor do Estoque Inicial e do valor das Compras de Mercadorias, visto que influi no CMV do período atual.

2. Transferência para o Estoque Final

Estoque de Mercadorias
a Fretes e Seguros sobre Compras
 Transferência que se processa, ref.
a parte dos Fretes e Seguros sobre
Compras, que deve integrar o valor do
Estoque Final, conforme cálculos. $
_____ _____

Esse lançamento, cujo valor foi apurado na fórmula apresentada, deve ser efetuado somente após encerrados os procedimentos extracontábeis e contábeis referentes à Apuração do Resultado da Conta Mercadorias, pois não interfere no Resultado Bruto do Exercício atual.

- Quando o saldo da conta Abatimentos sobre Compras for expressivo, deve-se adotar o mesmo procedimento de rateio do saldo utilizado na conta Fretes e Seguros sobre Compras.

Atividades Teóricas

1. **Complete:**
    1.1 Vendas de Mercadorias menos Custo das Mercadorias Vendidas é igual ao _____ do exercício.
    1.2 O Resultado da Conta Mercadorias, quando credor, representa o _____.

2. **Responda:**
    2.1 Qual é a fórmula utilizada para apurar extracontabilmente o Custo das Mercadorias Vendidas?
    2.2 Qual é a fórmula para apurar extracontabilmente o Resultado da conta Mercadorias?

3. **Escolha a alternativa correta:**
    3.1 Lucro Bruto é:
    a) V – CMV.
    b) EI + C – EF.
    c) Lucro Líquido.
    d) EI + V – EF.
    e) C + FC – DIO.

4. **Classifique as afirmativas em Falsas (F) ou Verdadeiras (V):**
    4.1 ( ) CMV = EI + C – V.
    4.2 ( ) Lucro Bruto = V + VA + CMV.
    4.3 ( ) CMV = EI + (C+ FC – CA) – EF.

Atividades Práticas ❺

Nos três casos a seguir, apure o Resultado da conta Mercadorias efetuando os cálculos extracontábeis e, em seguida, faça a respectiva contabilização em partidas de Diário e em Razonetes:

Prática 1 – solucionada

- Estoque de Mercadorias (EI)   400
- Compras de Mercadorias   630
- Compras Anuladas   30.000
- Vendas de Mercadorias   2.090
- Tributos sobre Vendas   307
- Vendas Anuladas   20
- Descontos Incondicionais Concedidos   50
- Estoque final de Mercadorias   700

Solução:

Cálculos extracontábeis

$CMV = 400 + (630 - 30) - 700$
$CMV = 300$

$RCM = (2.090 - 20 - 307 - 50) - 300$
$RCM = 1.413$

Contabilização

Para sua conferência, apresentaremos somente os lançamentos de Diário e sem históricos.

(1) CMV
    a Diversos
    a Estoque de Mercadorias   400
    a Compras de Mercadorias   630   1.030
    _____ _____

(2) Diversos
    a CMV
    Estoque de Mercadorias   700
    Compras Anuladas   30   730
    _____ _____

(3) Vendas
    a RCM   2.020
    _____ _____

Capítulo 2 • Operações com mercadorias

(4) RCM
    a Diversos
    a Tributos sobre Vendas   307
    a Vendas Anuladas   20
    a Descontos Incondicionais Concedidos   50
    a CMV   300   677

(5) RCM
    a Lucro sobre Vendas   1.413

Prática 2

- Compras de Mercadorias   1.000
- Vendas de Mercadorias   3.000
- Estoque de Mercadorias (EI)   2.500
- Tributos Recuperáveis sobre Vendas   590
- Estoque Final de Mercadorias   1.900

Prática 3

- Estoque de Mercadorias (EI)   30.000
- Compras de Mercadorias   145.000
- Compras anuladas   5.000
- Vendas de Mercadorias   256.000
- Vendas Anuladas   6.000
- Descontos Incondicionais Concedidos   10.000
- Tributos Recuperáveis sobre Vendas   44.000
- Estoque final de Mercadorias   60.000

2.6 Métodos e Sistemas

Você já sabe que existem dois métodos e dois sistemas que podem ser utilizados para o registro das operações com Mercadorias e que a conjugação desses métodos e sistemas pode gerar pelo menos três maneiras de registro:

a) Conta Mista com Inventário Periódico;
b) Conta Desdobrada com Inventário Periódico;
c) Conta Desdobrada com Inventário Permanente.

Você já estudou o registro, bem como a Apuração do Resultado da Conta Mercadorias, pelo método da Conta Desdobrada com Inventário Periódico.

Veja, agora, as outras duas maneiras:

2.6.1 Conta Mista com Inventário Periódico

Pelo Método da Conta Mista (ou Conta Mista de Mercadorias), adota-se uma só conta com dupla função:

- **Função Patrimonial**, porque registra os Estoques Inicial e Final de Mercadorias.
- **Função de Resultado**, porque registra as compras e as vendas, bem como as Devoluções de compras e de vendas.

A conta poderá ser intitulada Mercadorias, Estoque de Mercadorias ou Mercadorias em Estoque (ou ter outras intitulações semelhantes).

Vamos assumir os seguintes Fatos ocorridos em uma empresa comercial:

1. Compra de Mercadorias, à vista, conforme Nota Fiscal nº 730, no valor de $ 1.200.
2. Venda de Mercadorias, à vista, conforme nossa NF nº 50, no valor de $ 800.

Sabendo-se que o Estoque de Mercadorias existente no início do período era de $ 500, contabilizar os Fatos em partidas de Diário e em Razonetes.

Partidas de Diário

(1) Mercadorias
    a Caixa
       Conf. NF nº 720.   1.200
    —————— ——————

(2) Caixa
    a Mercadorias
       Conf. nossa NF nº 50.   800
    —————— ——————

Razonetes

MERCADORIAS					CAIXA			
EI	500	(2)	800		(2)	800	(1)	1.200
(1)	1.200							

Apuração do Resultado

Como essa é a maneira mais simples de contabilizar as operações com Mercadorias durante o Exercício, a Apuração do Resultado Bruto também será simplificada. Todas as operações envolvendo Mercadorias ocorridas durante o período estão concentradas em uma só conta no Livro Razão (ou no Razonete). Assim, no final do período, no débito da conta Mercadorias, encontraremos o registro do valor do Estoque Inicial, das compras e Devoluções de

Capítulo 2 • Operações com mercadorias

vendas (entradas de Mercadorias na empresa); e, no crédito dessa mesma conta, encontraremos o registro dos valores correspondentes às vendas e às Devoluções de compras (saídas de Mercadorias da empresa).

Para a Apuração do Resultado, é preciso, inicialmente, conhecer o saldo da conta Mercadorias, o qual poderá ser verificado no Livro Razão, e, em seguida, efetuar o levantamento extracontábil das Mercadorias existentes em estoque no último dia do período.

Ficaremos, então, diante de dois valores:

- saldo da conta Mercadorias no Livro Razão (devedor ou credor);
- valor do Estoque Final.

A partir desses dois valores, deve-se proceder da seguinte maneira:

1. transfere-se o saldo da conta Mercadorias para a conta Resultado da Conta Mercadorias (RCM);
2. registra-se o valor do Estoque Final a débito da conta Mercadorias e a crédito da conta Resultado da Conta Mercadorias (RCM);
3. apura-se no Razonete o saldo da conta Resultado da Conta Mercadorias (RCM) – se devedor, será igual a Prejuízo sobre Vendas; se credor, será igual a Lucro sobre Vendas.

Exemplo:

Suponhamos que, em 31/12/X1, a conta Mercadorias tenha apresentado no Livro Razão saldo devedor de $ 900. Sabendo-se que o Estoque Final foi de $ 1.100, apurar o Resultado Bruto.

Solução

Partidas de Diário

(1) RCM
  a Mercadorias
    Transferência do saldo da segunda
    para a primeira das contas supra,
    para Apuração do Resultado Bruto.   900

_____   _____

(2) Mercadorias
  a RCM
    Registro do Estoque Final, conforme
    inventário físico realizado.   1.100

_____   _____

Razonetes

MERCADORIAS			
Saldo	900	(1)	900
(2)	1.100		

RCM			
(1)	900	(2)	1.100
		Saldo	200

Observações

▸ Uma vez registrados os dois lançamentos, a conta Mercadorias ficou com saldo devedor de $ 1.100, que corresponde ao valor do Estoque Final. Essa conta e seu respectivo saldo constarão do Balanço Patrimonial.

▸ A conta Resultado da Conta Mercadorias ficou com saldo credor de $ 200, o qual corresponde ao Lucro sobre as Vendas.

▸ Quando o saldo da conta Resultado da Conta Mercadorias (RCM) for devedor, representará Prejuízo sobre Vendas.

▸ Conforme você já aprendeu, o saldo da conta RCM poderá ser transferido para a conta Lucro sobre Vendas ou Prejuízo sobre Vendas, bem como poderá permanecer na própria conta até que o referido saldo seja transferido para a conta Resultado do Exercício, o que ocorrerá no momento em que for apurado o Resultado Líquido.

2.6.2 Conta Desdobrada com Inventário Permanente

Você já aprendeu que, pelo Método da Conta Desdobrada, a conta Mercadorias pode ser desdobrada em várias outras, sendo cada uma delas utilizada para registrar operação própria. Pois bem, adotando-se o Método da Conta Desdobrada com Inventário Permanente, a conta Mercadorias será desdobrada em Estoque de Mercadorias, Custo das Mercadorias Vendidas, Vendas, Vendas Anuladas, Descontos Incondicionais Concedidos, além das contas destinadas ao registro dos Tributos incidentes sobre as vendas.

Para que os estoques sejam controlados permanentemente, as compras e os Fatos que alteram os valores das compras são contabilizados diretamente a débito e a crédito, respectivamente, da conta Estoque de Mercadorias.

Assim, nesse método não são utilizadas as contas Compras, Compras Anuladas, Fretes e Seguros sobre Compras e Descontos Incondicionais Obtidos.

Sempre que se efetuam vendas, deve-se dar baixa nos estoques pelo valor do Custo das Mercadorias Vendidas; por isso, é necessário conhecer o valor do custo em cada venda efetuada.

Adotando-se o Método da Conta Desdobrada com Inventário Permanente, a cada compra efetuada o valor do custo da respectiva compra é adicionado aos Estoques; e a cada venda de Mercadoria efetuada o valor do custo da respectiva venda é baixado do valor dos Estoques, mantendo-os, assim, permanentemente atualizados.

Suponhamos os seguintes Fatos ocorridos em uma empresa comercial (os mesmos utilizados na conta Mista):

1. Compra de Mercadorias, à vista, conforme Nota Fiscal nº 730, no valor de $ 1.200.
2. Venda de Mercadorias, à vista, conforme nossa NF nº 50, no valor de $ 800 (Custo $ 600).

Sabendo-se que o Estoque de Mercadorias existente no início do período era de $ 500 e que a empresa adota o Método da Conta Desdobrada com Inventário Permanente, contabilizar os Fatos em partidas de Diário e em Razonetes.

Partidas de Diário

(1) Estoque de Mercadorias
    a Caixa
        Conf. NF nº 730.   1.200

_____ _____

(2) Caixa
    a Vendas de Mercadorias
        Conf. N/ NF nº 50.   800

_____ _____

(3) Custo das Mercadorias Vendidas
    a Estoque de Mercadorias
        Baixa que se processa nos estoques,
        tendo em vista venda conf. N/ NF nº 50.   600

Razonetes

ESTOQUE DE MERCADORIAS			
EI	500	(3)	600
(1)	1.200		
Soma	1.700		
Saldo	1.100		

Noções de Contabilidade Comercial

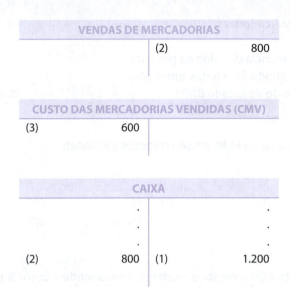

Apuração do Resultado

Suponhamos que, no final do Exercício Social, foram extraídas do Livro Razão as seguintes contas, com seus respectivos saldos:

- Estoque de Mercadorias (saldo devedor)   1.100
- Custo das Mercadorias Vendidas (saldo devedor)   600
- Vendas (saldo credor)   800

Lembramos que, além das contas citadas, poderiam ainda constar as contas Vendas Anuladas e Descontos Incondicionais Concedidos, bem como aquelas utilizadas para o registro dos Tributos incidentes sobre as vendas.

Como o saldo da conta Estoque de Mercadorias fornece o valor do Estoque Final, e como o Custo das Mercadorias Vendidas também já está contabilizado, a Apuração do Resultado será feita mediante a transferência, para a conta RCM, dos saldos das contas CMV, Vendas, Vendas Anuladas, Descontos Incondicionais Concedidos e representativas dos Tributos incidentes sobre as vendas (quando houver). Em seguida, apura-se o saldo da conta RCM, o qual será Lucro Bruto, se credor; ou Prejuízo Bruto, se devedor.

Veja:

Partidas de diário:

(1) RCM
    a CMV
        Transferência do saldo da segunda
        para a primeira das contas supra, para
        Apuração do Resultado Bruto.   600

(2) Vendas de Mercadorias

a RCM

Transferência do saldo da primeira
para a segunda das contas supra, para
Apuração do Resultado Bruto.   800

_____ _____

Veja a posição da conta RCM, em seu respectivo Razonete:

RCM			
(1)	600	(2)	800
		Saldo	200

O saldo da conta RCM é credor e, portanto, corresponde a Lucro Bruto. Esse saldo poderá ser transferido para a conta Lucros sobre Vendas ou permanecer na própria conta RCM, da qual será transferido diretamente para a conta Resultado do Exercício, no momento da Apuração do Resultado Líquido.

2.6.3 Opções para contabilização dos tributos recuperáveis

Conforme estudamos na Seção 2.4.3.1.2, várias opções podem ser adotadas para a contabilização dos tributos recuperáveis incidentes sobre compras e vendas de Mercadorias.

As duas opções mais utilizadas são: adoção de conta única ou adoção de contas distintas.

A conta única você estudou na Seção 2.4.3.1.2 do presente capítulo e consiste em utilizar uma só conta, denominada conta-corrente, para registrar direitos e obrigações relativos a cada tributo recuperável.

Nesta seção, trataremos do registro de tributos recuperáveis utilizando contas distintas. Por esse critério, os direitos relativos aos tributos recuperáveis incidentes sobre as compras de Mercadorias são contabilizados em uma conta do Ativo Circulante (a mesma utilizada na Seção 2.4.3.1.2. Pode ser Tributos a Recuperar, e as obrigações, registradas em uma conta do Passivo Circulante que poderá ser denominada Tributos a Recolher.

Veja os mesmos Fatos contabilizados pelo critério da conta única na Seção 2.4.3.1.2 e compare-os.

Os Fatos são como segue: suponhamos os seguintes Fatos ocorridos em uma empresa comercial durante o mês de outubro:

1. Compras de Mercadorias, à vista, do fornecedor Casa Portugal S/A, conforme Nota Fiscal nº 501, no valor de $ 10.000, com tributo recuperável incidente de $ 1.800.
2. Vendas de Mercadorias efetuadas durante o mês, à vista, conforme nossas Notas Fiscais nºs 20 a 80, no valor de $ 30.000, com tributo incidente de $ 5.400.

Considerando que neste mês ocorreram somente essas operações, veja como deverão ser contabilizadas adotando-se o critério de contas distintas para o registro dos tributos recuperáveis:

Noções de Contabilidade Comercial

(1) Diversos
a Caixa
  Compra de Mercadorias, conf. NF nº 501
 da Casa Portugal S/A:
Compras de Mercadorias
  Valor do custo das Mercadorias
 adquiridas.   8.200
Tributos a Recuperar
 18% incidente sobre NF supra. 1.800 10.000

  ———— ————

(2) Caixa
a Vendas de Mercadorias
  Nossas NFs nºˢ 20 a 80.   30.000

  ———— ————

(2A) Tributos sobre Vendas
a Tributos a Recolher
  Incidente sobre vendas supra. 5.400

  ———— ————

Observe que, adotando conta única, na Seção 2.4.3.2.3, utilizamos uma só conta para registrar o tributo incidente nas compras e nas vendas; agora, utilizamos contas distintas: uma para registrar o tributo incidente nas compras (Tributos a Recuperar), e outra para registrar o tributo incidente nas vendas (Tributos a Recolher). No último dia do mês, para apurar o saldo do tributo, efetuaremos, obrigatoriamente, o seguinte lançamento:

(3) Tributos a Recolher
a Tributos a Recuperar
  Registro que se processa, pelo menor saldo
 entre as duas contas, para apuração do
 saldo do tributo.   1.800

  ———— ————

Veja a posição das contas envolvidas em seus respectivos razonetes:

TRIBUTOS A RECUPERAR			
(1)	1.800	(3)	1.800

TRIBUTOS A RECOLHER			
(3)	1.800	(2A)	5.400
		Saldo	3.600

Por esse critério, no último dia do mês será feito, obrigatoriamente, o lançamento de ajuste, debitando-se sempre a conta Tributos a Recolher e creditando-se a conta Tributos a Recuperar, utilizando o menor saldo existente entre as duas contas envolvidas.

Após o lançamento de ajuste, a conta que tinha o menor saldo ficará "zerada", e a outra refletirá o resultado do tributo do mês, que será igual a direito (saldo devedor na conta Tributos a Recuperar) ou obrigação (saldo credor na conta Tributos a Recolher).

2.7 Perdas Estimadas em Créditos de Liquidação Duvidosa

Perdas Estimadas em Créditos de Liquidação Duvidosa (PECLD) é uma conta redutora do Ativo, que representa valor provisionado no final do exercício social, para cobrir, no exercício seguinte, perdas prováveis decorrentes do não recebimento de parte dos créditos (direitos) da empresa, existentes na data do levantamento do Balanço.

Contabilmente, quando se provisiona um valor mediante crédito em conta retificadora do Ativo, em contrapartida, debita-se uma conta de despesa, para que a perda estimada ou efetiva seja devidamente reconhecida no resultado do respectivo exercício.

Os direitos sujeitos ao reconhecimento dessa perda são aqueles derivados das vendas a prazo de Mercadorias, produtos e serviços, contabilizados nas contas Clientes ou Duplicatas a Receber.

O reconhecimento dessa perda, bem como seu provisionamento em conta redutora do Ativo, está previsto nas normas internacionais de Contabilidade.

Segundo as normas contábeis, toda entidade deve assegurar que seus ativos estejam registrados contabilmente por um valor que não exceda seus valores de recuperação.

Assim, quando um ativo estiver registrado no Balanço por valor excedente ao seu valor de recuperação, esse ativo é caracterizado como sujeito ao reconhecimento de perdas.

Contabilmente, conforme já dissemos, a perda é reconhecida mediante débito em uma conta de despesa e crédito em uma conta redutora do Ativo.

Desse modo, a perda fica reconhecida tanto no resultado (a despesa reduz o lucro) como no Balanço (a conta redutora do direito permite que esse direito figure por seu valor recuperável, isto é, pelo custo ou valor de emissão – valor original –, diminuído da perda devidamente provisionada).

EXEMPLO PRÁTICO

Suponhamos que, no final do exercício de X2, o saldo da conta Duplicatas a Receber de uma empresa comercial seja igual a $ 100.000.

Suponhamos, também, que estudos realizados por responsáveis pelos setores de vendas, crédito e cobrança da empresa, com fundamento nas regras contidas nas normas de Contabilidade, tenham indicado que o montante das perdas a serem reconhecidas seja de $ 1.500.

Lembramos que, para fins didáticos, a aplicação de um percentual definido pelo professor sobre o saldo da conta Duplicatas a Receber facilita os estudos.

Veja, a seguir, como essa perda será contabilizada.

Lançamento no Livro Diário

(1) Despesas com Perdas Estimadas em
Créditos de Liquidação Duvidosa
a Perdas Estimadas em Créditos de
Liquidação Duvidosa
Pelo reconhecimento da perda etc.   1.500
_____ _____

Observações

▸ A conta debitada é a conta de Despesa Operacional, do grupo das Despesas com Vendas. O saldo dessa conta, em conjunto com os saldos das demais contas de despesas do período, será transferido para a conta Resultado do Exercício no momento da Apuração do Resultado.

▸ A conta creditada é a conta patrimonial, que registra o valor provisionado, o qual será utilizado para cobrir possíveis não recebimentos dos créditos durante o exercício seguinte. No Balanço Patrimonial, essa conta figurará no Ativo Circulante como redutora da conta Duplicatas a Receber ou Clientes (conta que serviu de base para seu cálculo).

Baixa de direitos incobráveis

Vamos assumir, agora, que, em setembro de X3, depois de esgotados todos os recursos disponíveis para a cobrança, considerou-se incobrável uma Duplicata no valor de $ 450, a qual integrava o saldo da conta Duplicatas a Receber no final do exercício anterior (saldo que serviu de base para o provisionamento em questão).

Para regularizar, basta proceder à baixa. Veja:

O lançamento no Livro Diário ficará como segue:

(2) Perdas Estimadas em Créditos de Liquidação Duvidosa
a Duplicatas a Receber
Baixa da Duplicata nº X, por ter
sido considerada incobrável etc.   450
_____ _____

> **notas**
> - Recomenda-se que a baixa de uma Duplicata como incobrável somente seja efetuada depois que a empresa tenha esgotado todos os recursos necessários à sua cobrança. Esses recursos podem ser: telefonemas, envio de telegramas e de cartas, além de outros procedimentos, culminando com o protesto do título em cartório.
> - No final de cada exercício social, é preciso verificar se existe saldo remanescente na conta PECLD derivada do exercício anterior.
> - Havendo saldo antes de se contabilizar a nova perda, deve-se reverter esse saldo, debitando-se a conta Perdas Estimadas em Créditos de Liquidação Duvidosa e creditando-se a conta Resultado do Exercício ou outra que evidencie a receita com a reversão.

Atividades Teóricas

1. **Responda**
   1.1 O que significa o título "Perdas Estimadas em Créditos de Liquidação Duvidosa"?
   1.2 Quando se provisiona um valor em conta do Ativo, qual é a contrapartida dessa conta em lançamento de Diário?
   1.3 Por que a perda em créditos de liquidação duvidosa deve ser reconhecida no final do exercício social?
   1.4 Como fica o lançamento de baixa de duplicatas com aproveitamento de saldo na conta PECLD?

Atividades Práticas

Prática 1
Considerando que, no final do exercício de X5, a conta Duplicatas a Receber apresentava saldo igual a $ 450.000 e que, mediante estudos, a empresa tenha concluído reconhecer uma perda em créditos de liquidação duvidosa no montante de $ 20.000, proceder à contabilização.

Prática 2
Assumindo que, em julho de X7, foram consideradas incobráveis duplicatas no montante de $ 30.000 e sabendo-se que havia saldo de $ 50.000 na conta PECLD, proceder ao registro contábil correspondente.

CAPÍTULO

3 ▶

DEPRECIAÇÃO E AMORTIZAÇÃO

3.1 Depreciação

Depreciação é a diminuição parcelada de valor que sofrem os bens de uso da empresa, em decorrência do desgaste pelo uso, da ação da natureza e da obsolescência.

Contabilmente, depreciar significa considerar como despesa, ou custo de um período, parte do valor gasto na compra dos bens de uso da empresa.

As normas contábeis definem depreciação como a alocação sistemática do valor depreciável de um ativo ao longo de sua vida útil.

Alocar sistematicamente o valor depreciável de um bem nada mais é que "transferir" periodicamente uma parcela do valor gasto na aquisição do bem de uso para o resultado do período. Essa transferência é feita contabilmente.

Valor depreciável do bem é seu custo de aquisição ou de fabricação diminuído, quando for o caso, do valor residual, conforme veremos adiante.

Os bens sujeitos à depreciação são os corpóreos (tangíveis, materiais), como computadores, móveis e utensílios, imóveis (construções), instalações, veículos etc. Esses bens são contabilizados em contas que figuram no Ativo Não Circulante, subgrupo Imobilizado.

3.1.1 Por que depreciar?

Quando a empresa compra bens para uso próprio, ela efetua um gasto. Esse gasto, considerado investimento, não pode ser contabilizado como despesa quando a compra foi efetuada, porque os bens adquiridos não serão consumidos imediatamente, mas ao longo de vários anos. Assim, durante o tempo em que a empresa utiliza os bens, eles se desgastam e perdem valor. Por esse motivo, durante esses anos, é feita a depreciação.

Por meio da depreciação, a empresa considera como despesa, parceladamente, durante o tempo de duração dos bens de uso, o valor gasto na aquisição desses bens.

Para depreciar o valor gasto na aquisição de um bem é preciso atender a algumas exigências técnicas, tendo em vista, sobretudo, o tempo de vida útil econômica do bem.

Os bens não duram eternamente; eles têm um tempo de vida útil. Quando desgastados pelo uso ou em função da ação da natureza ou mesmo da obsolescência, deixam de ser convenientes para a empresa.

Portanto, as causas que justificam a depreciação são:

- **Desgaste pelo uso:** você compra um automóvel hoje. Daqui a cinco ou seis anos, esse automóvel, sendo usado diariamente, não terá o mesmo desempenho de quando era novo.
- **Ação da natureza:** o próprio automóvel já citado, por ficar exposto ao sol ou à chuva, sofre essas influências climáticas (calor e umidade) e se desgasta.
- **Obsolescência:** os bens tornam-se obsoletos em decorrência dos novos inventos. Antigamente, existiam as calculadoras manuais, grandes, de difíceis manejo e transporte. Atualmente, com os novos inventos, temos calculadoras muito mais eficientes e em tamanhos incomparavelmente menores.

Além desses três motivos, e pelo fato de tais bens serem utilizados pelas empresas em vários exercícios sociais, é correto que se incorpore ao custo de cada exercício uma parcela do valor gasto na aquisição desses bens ao longo do período estimado de sua vida útil.

Noções de Contabilidade Comercial

Assim, é tecnicamente correto que as empresas procedam, no final de cada exercício social, à depreciação dos bens materiais constantes do Ativo Imobilizado.

3.1.2 Procedimentos para contabilizar a depreciação

O primeiro passo é estimar o tempo de vida útil para o bem. Tempo de vida útil de um bem é o período durante o qual seja possível sua utilização econômica na produção de seus rendimentos. Esse tempo, portanto, é determinado em função do prazo em que o bem apresenta capacidade de gerar benefícios (riquezas) para a empresa.

Depois de estabelecer o tempo de vida útil econômica do bem, o próximo passo será escolher o método de depreciação a ser adotado.

Existem vários métodos de depreciação, como método linear ou em linha reta, método da soma dos algarismos dos anos com taxas crescentes ou decrescentes, método das unidades produzidas etc.

O mais empregado é o método linear ou em linha reta, que consiste em aplicar taxas constantes durante o tempo de vida útil econômica estimado para o bem. Por exemplo, se o tempo de vida útil de um bem foi determinado em dez anos, a taxa anual de depreciação será de 10%.

> 100% dividido por 10 anos = 10% ao ano

Os prazos usualmente admitidos, bem como as respectivas taxas de depreciação dos bens mais comuns, são:

BENS	VIDA ÚTIL	TAXA
Computadores	5 anos	20% a.a.
Imóveis (exceto terrenos)	25 anos	4% a.a.
Instalações	10 anos	10% a.a.
Móveis e Utensílios	10 anos	10% a.a.
Veículos	5 anos	20% a.a.

Para se proceder à depreciação de um bem, inicialmente, deve-se estimar um tempo de vida útil econômica para esse bem. Essa estimativa deve fundamentar-se na experiência acumulada pela própria empresa. A tabela que apresentamos evidencia os tempos que costumam ser adotados inicialmente. Porém, as empresas deverão efetuar, periodicamente, uma análise sobre a recuperação dos valores registrados no Imobilizado, a fim de que sejam revisados e ajustados os critérios utilizados para determinação da vida útil econômica estimada e para cálculo da depreciação.

A depreciação pode ser anual ou mensal. É anual quando calculada e contabilizada uma única vez ao ano. O valor da quota anual é obtido aplicando-se a taxa normal de depreciação sobre o valor do bem.

É mensal quando calculada e contabilizada mensalmente. O valor da quota mensal é obtido dividindo-se o valor da quota anual por 12.

A depreciação pode ser, ainda, normal ou acelerada, diferenciando-se tão somente em relação à taxa aplicada, que poderá variar conforme o número de turnos de utilização do bem a ser depreciado (cada turno corresponde a um período de oito horas – o dia tem três turnos de oito horas).

Assim, se o bem for utilizado durante um único turno, a ele será aplicada a taxa normal; se for utilizado durante dois turnos, será aplicada a taxa multiplicada pelo coeficiente 1,5; e se for utilizado durante três turnos, será aplicada a taxa multiplicada pelo coeficiente 2,0.

Para conhecer o valor da quota anual de depreciação do bem em cada exercício, conforme já dissemos, basta aplicar a taxa sobre o valor desse bem. Veja:

Vamos calcular o valor da quota de depreciação da conta Móveis e Utensílios em 31 de dezembro de X1, considerando que o saldo da conta nessa data é de $ 80.000 e a taxa anual de depreciação é de 10%. Temos:

- Taxa × valor do bem/100 = quota de depreciação
  Veja os cálculos: 10 × $ 80.000/100 = $ 8.000

A contabilização da quota de depreciação é feita, no Livro Diário, mediante o seguinte lançamento:

```
Depreciação
a Depreciação Acumulada de Móveis
    e Utensílios
        Conf. cálculos etc.                    8.000
_____  _____
```

Observações

▶ A conta debitada, Depreciação, corresponde à despesa do período; portanto, seu saldo será transferido para a conta Resultado do Exercício, em conjunto com os saldos das demais contas de despesas da empresa, no momento da Apuração do Resultado Líquido do Exercício.

▶ A conta creditada, Depreciação Acumulada de Móveis e Utensílios, é Patrimonial e representará, sempre, o valor acumulado das depreciações efetuadas durante o tempo de vida útil econômica do Bem.

▶ No Balanço Patrimonial, a conta Depreciação Acumulada de Móveis e Utensílios aparecerá do lado do Ativo como Conta Redutora da conta Móveis e Utensílios, a qual foi utilizada como base para cálculo da depreciação.

Vamos ver, agora, um exemplo de aplicação da taxa acelerada.

Suponhamos que uma máquina, contabilizada por $ 20.000, seja utilizada pela empresa industrial, durante dois turnos de oito horas. Sabendo que a taxa normal de depreciação aplicável ao referido bem é de 10%, faremos o seguinte:

Noções de Contabilidade Comercial

- Taxa normal × coeficiente = taxa acelerada
  10% × 1,5 = 15%
  Logo: 15% de $ 20.000 = $ 3.000

O lançamento para a contabilização é semelhante ao já apresentado no exemplo anterior.

- Um bem só poderá ser depreciado a partir do mês em que for colocado em uso.
- Quando um bem for adquirido e colocado em uso durante o ano, sua taxa de depreciação deverá ser proporcional ao número de meses durante o qual foi utilizado. Neste caso, considera-se como mês integral a fração do mês no qual o bem foi posto em utilização, mesmo que tenha sido utilizado por apenas um dia.
- Nos casos em que o tempo de vida útil econômica do bem for superior ao prazo em que ele será utilizado em determinada atividade, sendo posteriormente reaproveitado em outra atividade, deve-se fixar um valor residual para que o bem não seja totalmente depreciado. Exemplo: valor do bem: $ 100; menos valor residual: $ 20; igual valor depreciável (a ser depreciado): $ 80.
- Valor residual de um bem é um valor estimado pela empresa, pelo qual o bem poderá ser vendido ou reutilizado após ter sido utilizado por determinado tempo.
- Quando a Depreciação Acumulada de um bem que estiver sendo utilizado pela empresa alcançar 100% de seu valor, não haverá mais cálculo nem contabilização de quotas de depreciação. Nesse caso, o bem permanecerá nos registros contábeis pelo valor original, e no Balanço figurará com esse valor diminuído da conta Depreciação Acumulada, que terá idêntico valor, até que seja baixado.
- Quando o bem depreciado for retirado de uso (baixado), debita-se a conta Depreciação Acumulada e credita-se a conta que representa o respectivo bem.
- Os bens do Imobilizado podem ser baixados em decorrência de alienação (venda), desapropriação, perecimento, extinção, desgaste, obsolescência, exaustão, liquidação ou, ainda, quando não houver mais expectativa de benefícios econômicos futuros com sua utilização ou alienação.
- Não são depreciados os bens cujo tempo de vida útil seja inferior a um ano nem os de valor inexpressivo. Nesses casos, os valores gastos na aquisição dos respectivos bens devem ser contabilizados na data das respectivas compras, diretamente em conta de despesa, pois o curto tempo de vida útil e o pequeno valor descaracterizam a necessidade de depreciá-los.
- Por razões práticas, em vez de se utilizarem contas individuais para registrar a depreciação de cada bem, pode-se adotar uma só conta, cuja denominação genérica é Depreciação Acumulada. Nesse caso, deve-se manter controle extracontábil individualizado da depreciação acumulada de cada conta.

3.2 Amortização

Amortização é a diminuição do valor dos bens imateriais classificados no Ativo Intangível, em razão do tempo.

As normas contábeis definem amortização como a alocação sistemática do valor amortizável de ativo intangível ao longo de sua vida útil.

Enquanto a depreciação é utilizada para os bens materiais (tangíveis), a amortização é utilizada para os bens imateriais (intangíveis), como Fundo de Comércio, Direitos Autorais, Marcas, Patentes etc.

Nem todos os bens do Intangível estão sujeitos à amortização. O fator que determina a aplicação ou não da amortização é a vida útil do bem imaterial.

Um Ativo Intangível com vida útil definida deve ser amortizado, porém, um Ativo Intangível com vida útil indefinida não deve ser amortizado.

Contudo, é importante esclarecer que esse procedimento não se aplica às empresas de pequeno e médio porte. Nessas empresas, todos os bens imateriais devem ser considerados como tendo vida útil finita e, por esse motivo, todos devem ser amortizados.

Contabilmente, a amortização é um processo semelhante à depreciação, porém, aplicado aos bens imateriais.

Enquanto por meio da depreciação considera-se despesa ou custo do período uma parte do valor gasto na compra dos bens de uso da empresa, por meio da amortização considera-se despesa ou custo do período uma parte do capital aplicado em bens imateriais com vida útil definida, integrantes do Intangível.

3.2.1 Procedimentos para contabilizar a amortização

Em primeiro lugar, será preciso definir se o bem imaterial tem vida útil definida ou indefinida, salvo nas pequenas e médias empresas, onde todos os bens serão considerados com vida útil definida.

Se tiver vida útil definida, então, o próximo passo será escolher o método de amortização a ser aplicado.

Os bens imateriais com vida útil indefinida não estão sujeitos à amortização, contudo, a eles deve-se aplicar, no final de cada exercício social, o teste de recuperabilidade, para que o valor contábil seja ou não revisado.

- Teste de recuperabilidade consiste no confronto entre o valor contábil de um ativo (seja ele tangível ou intangível) com seu valor recuperável.
- Valor contábil é o montante pelo qual o ativo está reconhecido no balanço depois da dedução de toda respectiva depreciação (quando o bem for material) ou amortização (quando o bem for imaterial).
- Valor recuperável de um ativo é o maior montante entre seu valor justo (valor de mercado) líquido de despesa de venda e seu valor em uso, isto é, seu valor contábil.
- Não tratamos com mais detalhes do tema teste de recuperabilidade dado o caráter introdutório da presente obra.

É importante destacar que, segundo as normas contábeis, caso as entidades de pequeno e médio porte sejam incapazes de fazer uma estimativa confiável da vida útil de Ativo Intangível, presume-se que ela seja de dez anos.

Depois de estabelecer o tempo de vida útil do bem intangível, o próximo passo será escolher o método de amortização a ser adotado.

Vários métodos de amortização podem ser adotados, como o linear, o método da soma dos algarismos dos anos com taxas crescentes ou decrescentes, o método das unidades produzidas etc.

O método de amortização utilizado deve refletir o padrão de consumo pela entidade dos benefícios econômicos futuros. Se não for possível determinar esse padrão com confiabilidade, deve-se utilizar o método linear.

A amortização também pode ser anual ou mensal. É anual quando calculada e contabilizada uma única vez ao ano. O valor da quota anual é obtido aplicando-se a taxa normal de amortização sobre o valor do bem. E é mensal quando calculada e contabilizada mensalmente. O valor da quota mensal é obtido dividindo-se o valor da quota anual por 12.

A taxa anual de amortização dependerá do método de amortização aplicado ao bem imaterial com vida útil definida. Quando o método for o de linha reta, a taxa será proporcional ao número de anos de amortização.

Suponhamos que a conta Fundo de Comércio apresente saldo de $ 40.000, o qual deve ser amortizado à taxa de 10% a.a.

Temos:

- Taxa × Valor do Bem/100 = quota de amortização
  Veja os cálculos:
  10 × $ 40.000/100 = $ 4.000

Neste caso, o valor a ser amortizado é de $ 4.000.
Veja como ficará o registro no Livro Diário:

Amortização
a Amortização Acumulada de Fundo de Comércio
    Quota do exercício, conf. cálculos.   4.000
_____ _____

Observações

▸ A conta debitada, Amortização, corresponde à despesa do período. Portanto, seu saldo será transferido para a conta Resultado do Exercício, em conjunto com os saldos das demais contas de despesas da empresa, no momento da Apuração do Resultado Líquido do Exercício.

▸ A conta creditada, Amortização Acumulada de Fundo de Comércio, é patrimonial e representará, sempre, o total acumulado das amortizações. No Balanço Patrimonial, essa conta figurará no lado do Ativo como Redutora da conta Fundo de Comércio, a qual foi utilizada como base para o cálculo da respectiva amortização.

notas

- Pequenas e médias empresas (PMEs), segundo as normas internacionais de Contabilidade, são empresas que, por não terem seus instrumentos de dívida ou patrimoniais negociados em mercado de ações, não têm obrigação pública de prestação de contas; elaboram Demonstrações Contábeis somente para fins gerais, tendo como principais usuários externos os proprietários que não estão envolvidos na administração do negócio, credores existentes e potenciais e agências de avaliação de crédito.
- A amortização deve ser iniciada a partir do momento em que o Ativo estiver disponível para uso e deve cessar na data em que o Ativo é classificado como mantido para venda ou na data em que ele é baixado, o que ocorrer primeiro.
- Valor amortizável é o custo de um Ativo ou outro valor que substitua o custo menos seu valor residual, quando houver.
- No exercício em que o valor da conta Amortização Acumulada de um bem imaterial alcançar 100% do valor da conta que o registra, as duas contas deverão ser baixadas, debitando-se a conta Amortização Acumulada e creditando-se a conta que registrava o referido bem.
- Por razões práticas, em vez de se utilizarem contas individuais para registrar a amortização de cada bem, pode-se adotar uma só conta, cuja denominação genérica é Amortização Acumulada. Neste caso, deve-se manter controle extracontábil individualizado da amortização acumulada de cada conta.
- Para fins de cálculo das quotas mensais de Amortização, considera-se sempre o mês integral, ainda que o início ou o término do período de amortização ocorra durante o mês.

Atividades Teóricas

1. **Responda:**
    1.1 O que é depreciação?
    1.2 O que significa a expressão "alocar sistematicamente o valor depreciável de um bem"?
    1.3 Em que consiste o valor depreciável de um bem?
    1.4 O que é valor residual de um bem depreciável?
    1.5 Por que os bens materiais precisam ser depreciados?
    1.6 Em que consiste o tempo de vida útil econômica de um bem?
    1.7 Como é obtido o valor das quotas anuais de depreciação e de amortização?
    1.8 Como é obtido o valor das quotas mensais de depreciação e de amortização?
    1.9 Em que circunstâncias deve-se aplicar a taxa de depreciação acelerada?
    1.10 Em que situações deve-se aplicar a taxa de depreciação proporcional?
    1.11 Qual é o procedimento a ser adotado a um bem material quando estiver totalmente depreciado, porém, ainda em uso na empresa?
    1.12 Qual é o procedimento contábil a ser efetuado quando um bem totalmente depreciado for retirado de uso por ser considerado imprestável?
    1.13 Quais bens de uso não devem ser depreciados?

1.14 O que é amortização?

1.15 Como as normas contábeis definem amortização?

1.16 Qual é o fator que determina a aplicação ou não da amortização?

1.17 Qual será o procedimento a ser adotado no exercício em que o valor da conta Amortização Acumulada de um bem imaterial alcançar 100% do valor da conta que o registra?

2. **Classifique as afirmativas em falsas (F) ou verdadeiras (V):**

2.1 ( ) Contabilmente, depreciar significa considerar como despesa ou custo de um período o valor total gasto na compra dos bens de uso da empresa.

2.2 ( ) Contabilmente, depreciar significa considerar como despesa, ou custo de um período, parte do valor gasto na compra dos bens de uso da empresa.

2.3 ( ) As normas contábeis definem depreciação como a alocação sistemática do valor depreciável de um ativo ao longo de sua vida útil.

2.4 ( ) O tempo de vida útil de um bem depreciável é determinado em função do prazo em que o bem apresenta capacidade de gerar benefícios (riquezas) para a empresa.

2.5 ( ) O método de depreciação linear consiste em aplicar taxas constantes durante o tempo de vida útil econômica estimado para o bem.

2.6 ( ) Uma vez definidos o tempo de vida útil econômica, bem como as taxas de depreciação a serem aplicados, não haverá possibilidade de revisões futuras para fins de depreciação.

2.7 ( ) Periodicamente, as empresas deverão efetuar análise sobre a recuperação dos valores registrados no Imobilizado, a fim de que sejam revisados e ajustados os critérios utilizados para determinação da vida útil econômica estimada e para cálculo da depreciação.

2.8 ( ) No Balanço Patrimonial, as contas Depreciação e Amortização figurarão no Ativo como redutoras das contas com base nas quais foram calculadas.

2.9 ( ) As contas Depreciação Acumulada e Amortização Acumulada são redutoras do Ativo Não Circulante.

2.10 ( ) As contas Depreciação e Amortização somente são consideradas despesas quando resultarem da aplicação de quotas normais, pois, quando decorrentes da aplicação de quotas aceleradas, integram o valor dos bens.

2.11 ( ) Um bem só poderá ser depreciado a partir do mês em que for adquirido.

2.12 ( ) A depreciação é utilizada para bens tangíveis, e a amortização, para bens imateriais.

2.13 ( ) Um Ativo Intangível com vida útil definida deve ser amortizado, porém, um Ativo Intangível com vida útil indefinida não deve ser amortizado.

2.14 ( ) Nas empresas de pequeno e médio portes, todos os bens imateriais devem ser considerados como tendo vida útil finita e, por esse motivo, todos devem ser amortizados.

2.15 ( ) Existem vários métodos de depreciação, mas só um para amortização (linha reta).

2.16 ( ) Segundo as normas contábeis, caso as entidades de pequeno e médio porte sejam incapazes de fazer uma estimativa confiável da vida útil de Ativo Intangível, presume-se que ela seja de dez anos.

Capítulo 3 • Depreciação e amortização

3. **Escolha a alternativa correta:**

3.1 Bens sujeitos a depreciação são:
  a) os bens corpóreos (tangíveis) classificados no Ativo Imobilizado.
  b) os bens de uso, materiais ou imateriais (intangíveis).
  c) os bens de uso, porém, somente os materiais (tangíveis).
  d) Somente a alternativa "a" está correta.
  e) As alternativas "b" e "d" estão incorretas.

3.2 Justificam a depreciação:
  a) Desgaste pelo uso, ação da natureza e venda do bem.
  b) Desgaste pelo uso, obsolescência e alienação do bem.
  c) Desgaste pelo uso, ação da natureza e obsolescência.
  d) Todas alternativas anteriores estão corretas.
  e) Somente a alternativa "a" está incorreta.

3.3 A depreciação dos bens tangíveis, bem como a amortização dos intangíveis, devem ser feitas:
  a) anualmente.
  b) mensalmente.
  c) anualmente somente para os depreciáveis.
  d) mensalmente e anualmente para os depreciáveis e amortizáveis.
  e) Somente a alternativa "c" está incorreta.

3.4 O método de depreciação mais utilizado é o:
  a) método linear ou em linha reta.
  b) método da soma dos algarismos dos anos com taxas crescentes.
  c) método da soma dos algarismos dos anos com taxas decrescentes.
  d) método das unidades produzidas.
  e) Nenhuma das alternativas anteriores.

3.5 Os prazos usualmente admitidos, bem como as respectivas taxas de depreciação para os móveis e utensílios e para os veículos, são, respectivamente:
  a) 5 anos e 10% a.a.; 10 anos e 10% a.a.
  b) 10 anos e 10% a.a.; 5 anos e 20% a.a.
  c) 10 anos e 10% a.a.; 20 anos e 5% a.a.
  d) 5 anos e 20% a.a.; 10 anos e 10% a.a.
  e) Somente as alternativas "a" e "c" estão corretas.

3.6 A contabilização das quotas de depreciação e de amortização é feita:
  a) mediante débitos nas contas Depreciação e Amortização Acumulada e créditos nas contas Depreciação Acumulada e Amortização.
  b) mediante débitos nas contas Depreciação e Amortização e créditos nas contas Depreciação Acumulada e Amortização Acumulada.
  c) mediante débitos nas contas representativas dos bens materiais e créditos nas representativas dos bens imateriais.
  d) Todas as alternativas acima estão incorretas.
  e) Somente a alternativa "c" está incorreta.

3.7 Valor estimado pela empresa, pelo qual o bem poderá ser vendido ou reutilizado após ter sido utilizado por determinado tempo é:
a) valor depreciável.
b) valor contábil.
c) valor residual.
d) valor histórico
e) valor justo.

Atividades Práticas

Prática 1 – solucionada

Contas e saldos extraídos do Balancete de Verificação em 31/12/X1:
- Veículos   60.000
- (–) Depreciação Acumulada de Veículos   (24.000)
- Saldo   36.000
- Marcas e Patentes   30.000
- (–) Amortização Acumulada de Marcas e Patentes   (24.000)
- Saldo   6.000

Calcular e contabilizar:

a) Quota de depreciação pela taxa de 20% a.a.
b) Quota de amortização pela taxa de 10% a.a.

Solução

(Para sua conferência, apenas os lançamentos de Diário.)

(a) Depreciação
    a Depreciação Acumulada de Veículos
        Quota de depreciação ref. a este
        exercício, conf. cálculos.   12.000

(b) Amortização
    a Amortização Acumulada de Marcas e Patentes
        Quota de amortização ref. a este
        exercício, conf. cálculos.   3.000

Capítulo 3 • Depreciação e amortização   81

Prática 2

Contas e saldos extraídos do Balancete de Verificação do Razão em 31/12/X4:

- Móveis e Utensílios   100.000
- (–) Depreciação Acumulada de Móveis e Utensílios   (40.000)
- Saldo   60.000
- Fundo de Comércio   80.000
- (–) Amortização Acumulada de Fundo de Comércio   (40.000)

Calcular e contabilizar:

a) Quota de depreciação pela taxa de 10% a.a.
b) Quota de amortização pela taxa de 10% a.a.

Prática 3

Contas e saldos extraídos do Balancete de Verificação do Razão em 31/12/X3:

- Computadores   6.000
- Fundo de Comércio   50.000
- (–) Amortização Acumulada de Fundo de Comércio   (45.000)

Calcular e contabilizar:

a) Quota de depreciação pela taxa de 20% a.a., sabendo que os computadores foram adquiridos e colocados em uso no dia 1º de junho de X3.
b) Amortizar a conta Fundo de Comércio pela taxa de 10% a.a. Observe que, com essa quota, a conta Amortização Acumulada vai se igualar ao valor do bem; portanto, proceder à respectiva baixa.

CAPÍTULO

4 ▶

REGIMES CONTÁBEIS

4.1 Conceituação

Regime contábil é a regra que determina quais despesas e quais receitas devem integrar o resultado de um período.

O período contábil pode ter duração de um mês, um trimestre, um semestre ou um ano. O mais comum é aquele que tem duração de um ano, caso em que é denominado exercício social. Portanto, no final de cada período contábil, as empresas apuram seus resultados e elaboram suas Demonstrações Contábeis.

Você já sabe que, para conhecer o resultado de um exercício, é preciso confrontar o total das despesas com o total das receitas correspondentes ao respectivo exercício.

Você sabe também que, em determinado exercício, podem ser efetuados pagamentos de despesas ocorridas no exercício anterior, ocorridas no próprio exercício ou que ainda ocorrerão no exercício seguinte. Sabe também que o mesmo poderá ocorrer com as receitas, ou seja, em determinado exercício, podem ocorrer recebimentos de receitas ocorridas no exercício anterior, ocorridas no próprio exercício, ou que ainda ocorrerão no exercício seguinte.

Assim, no final de um exercício social (período), no momento da Apuração do Resultado, entre as contas existentes no Livro Razão poderão constar algumas contas de despesas e/ou de receitas que não integrarão o respectivo resultado, bem como outras de direitos – representativas de despesas pagas antecipadamente ou de obrigações –, representativas de receitas Recebidas antecipadamente (receitas Diferidas), que deverão integrar o respectivo resultado.

Portanto, é o regime contábil adotado pela empresa que definirá quais despesas e quais receitas deverão ser consideradas na Apuração do Resultado de cada exercício social.

São dois os regimes contábeis que disciplinam a Apuração do Resultado do Exercício: regime de caixa e regime de competência.

Segundo as normas internacionais de Contabilidade, as empresas devem apurar seus resultados com fundamento no regime de competência. Embora o foco principal do presente capítulo seja o regime de competência, nas Seções 4.3 e 4.4, trataremos do regime de caixa e da comparação entre esses dois regimes.

- Na Seção 4.2, você estudará os principais ajustes a serem feitos nos saldos das contas de despesas e de receitas, no momento da Apuração do Resultado do Exercício, em decorrência da aplicação do regime de competência.

4.2 Regime de Competência

O **regime de competência** é o processo contábil por meio do qual, na Apuração do Resultado do Exercício, devem ser consideradas somente as despesas e as receitas que ocorreram durante o respectivo exercício, independentemente de terem ou não sido pagas ou recebidas.

Assim, as despesas serão consideradas no exercício a que pertencerem, tenham ou não sido pagas, e as receitas serão consideradas no exercício em que forem realizadas, tenham ou não sido recebidas. Em outras palavras, para o regime de competência, o que determina a inclusão da despesa e da receita na Apuração do Resultado do Exercício é a ocorrência do respectivo Fato gerador.

O Fato gerador da despesa é o acontecimento que dá origem à respectiva despesa. Em geral, o Fato gerador da despesa é o consumo de bens e a utilização de serviços. A despesa cujo Fato gerador já tenha ocorrido é denominada despesa incorrida (gerada). O Fato gerador da receita, em geral, é a venda de bens ou a prestação de serviços. A receita cujo Fato gerador já ocorreu é denominada receita realizada (gerada).

Então, conforme dissemos, para que o resultado do exercício apurado pela empresa esteja de acordo com o que estabelece esse regime contábil, é necessário que sejam consideradas, na Apuração do Resultado, somente as despesas e as receitas que foram geradas no respectivo exercício.

Ocorre, conforme já dissemos, que durante o exercício atual a empresa poderá ter efetuado pagamentos de despesas incorridas no exercício anterior, pagamento de despesas incorridas no próprio exercício ou, ainda, poderão existir despesas já incorridas e que ainda não foram pagas, como é o caso, por exemplo, dos aluguéis e dos salários e encargos de dezembro que são pagos normalmente em janeiro do exercício seguinte.

Da mesma forma, no exercício atual, a empresa poderá ter recebido receitas que foram realizadas no exercício anterior, receitas que foram realizadas no presente exercício ou poderá haver, ainda, no final do exercício, receitas cujos Fatos geradores já ocorreram, porém, ainda não foram recebidas.

Assim, para que na Apuração do Resultado constem apenas as despesas e as receitas cujos Fatos geradores ocorreram no período, será preciso proceder a ajustes e apropriações em algumas dessas contas de despesas e de receitas.

Dependendo do momento em que as empresas decidirem apurar seus resultados ou estiverem obrigadas a fazê-lo, elas deverão efetuar tais ajustes e apropriações no final de cada mês, trimestre, semestre ou somente no final do ano.

É importante destacar, ainda, que o regime de competência é o processo contábil contemplado pelas normas internacionais de Contabilidade, que deve ser adotado por todos os contabilistas, visando à uniformização dos procedimentos no exercício de suas atividades profissionais.

4.2.1 Ajustes em Contas de Despesas

A seguir serão apresentadas as principais despesas, como aluguéis, salários, encargos, seguros e materiais de consumo.

4.2.1.1 Despesas incorridas e não pagas

4.2.1.1.1 Despesas com Aluguéis

Suponhamos que o aluguel do prédio onde está instalada nossa empresa, referente ao mês de maio, no valor de $ 5.000, deva ser pago no dia 10 de junho, de acordo com o que estabelece o contrato de locação.

Tendo em vista que o Fato gerador dessa despesa ocorreu durante o mês de maio, no dia 31 de maio será feita a apropriação da referida despesa por meio do seguinte lançamento:

Capítulo 4 • Regimes contábeis

Aluguéis Passivos
a Aluguéis a Pagar
     Pela apropriação do aluguel deste
mês, a ser pago em 10 de junho p.f.   5.000

_____ _____

Assim, fica apropriada a despesa de Aluguel em maio, isto é, dentro do mês de sua competência (ocorrência). Se pretendêssemos apurar o resultado do período correspondente a maio, essa despesa, tendo sido contabilizada, estaria automaticamente incluída com as demais despesas contabilizadas no referido mês. Como o pagamento somente será efetuado no dia 10 do mês seguinte, foi creditada a conta Aluguéis a Pagar para registrar a referida obrigação.

Veja como será contabilizado, no dia 10 de junho, o pagamento do Aluguel referente a maio:

Aluguéis a Pagar
a Caixa
     Pagamento efetuado ao sr. Joaquim,
     ref. ao mês de maio.   5.000

_____ _____

> **Observação**
>
> ▶ Em 10 de junho, por ocasião do pagamento do aluguel referente a maio, não cabe mais débito em Conta de despesa, pois a despesa com o aluguel já foi apropriada no mês de sua competência (maio). Nesse momento, deve-se debitar a conta Aluguéis a Pagar para extinguir a obrigação registrada no dia 31 de maio.

LEITURA COMPLEMENTAR

Saiba mais acerca da contabilização dos aluguéis

Assinale a alternativa correta:

Pagamento em dinheiro efetuado ao sr. Galindo, no valor de $ 2.000, referente ao aluguel do imóvel onde está instalada nossa empresa. Este Fato será contabilizado da seguinte maneira:

a) Aluguéis Passivos
   a Caixa
b) Aluguéis a Pagar
   a Caixa
c) As alternativas "a" e "b" estão incorretas.
d) As alternativas "a" e "b" estão corretas.
e) Nenhuma das alternativas está correta.

Noções de Contabilidade Comercial

LEITURA COMPLEMENTAR

Vamos ajudá-lo a responder à questão proposta. Você já sabe que a despesa com aluguel normalmente é paga no mês seguinte ao da ocorrência do respectivo Fato gerador. Assim, a despesa de aluguel do mês de janeiro é paga no início do mês de fevereiro, a de fevereiro é paga no início do mês de março, e assim sucessivamente.

Você sabe também que, em decorrência do regime de competência, as despesas devem ser registradas (apropriadas) no mês da ocorrência de seus respectivos Fatos geradores, tenham ou não sido pagas.

Entretanto, existem dois métodos que podem ser adotados para a contabilização das despesas com aluguéis, sendo que a opção por um ou por outro dependerá da necessidade ou do interesse da empresa em apurar seus resultados mensalmente ou apenas no final do exercício social.

As empresas que apuram seus resultados somente no final do ano são, em geral, empresas de pequeno porte que adotam o sistema de inventário periódico para Apuração dos Resultados com Mercadorias, conforme estudamos na Seção 2.1.1 do Capítulo 2 deste livro.

Essas empresas registram as despesas incorridas durante o ano somente por ocasião dos respectivos pagamentos, debitando uma conta de despesa e creditando a conta Caixa ou Bancos. Para atender ao regime de competência, somente as despesas incorridas em dezembro que deverão ser pagas no exercício seguinte é que são apropriadas no último dia desse mês.

Assim, no dia 31 de janeiro, a despesa de aluguel incorrida em janeiro não será contabilizada. No dia 10 de fevereiro, quando ocorrer o pagamento do aluguel referente a janeiro, este será contabilizado a partir do seguinte lançamento:

Aluguéis Passivos
a Caixa ou Bancos

_____   _____

Durante todo o ano, este será o procedimento. Entretanto, no dia 31 de dezembro, por ocasião da Apuração do Resultado do Exercício, em obediência ao regime de competência, o aluguel incorrido em dezembro, que será pago em 10 de janeiro do ano seguinte, conforme já dissemos, será apropriado a partir do seguinte lançamento:

Aluguéis Passivos
a Aluguéis a Pagar

_____   _____

As empresas que apuram seus resultados mensalmente são, em geral, empresas de médio ou grande porte que adotam o sistema de inventário permanente para Apuração dos Resultados com Mercadorias, conforme vimos na Seção 2.6.2 deste livro.

Essas empresas registram as despesas incorridas durante o ano no mês da ocorrência de seus Fatos geradores, tenham ou não sido pagas.

Capítulo 4 • Regimes contábeis

LEITURA COMPLEMENTAR

Assim, o aluguel incorrido em janeiro e que será pago no dia 10 de fevereiro será contabilizado da seguinte maneira:

Em 31 de janeiro (apropriação da despesa)

Aluguéis Passivos
a Aluguéis a Pagar
_____   _____

Em 10 de fevereiro (pagamento do aluguel de janeiro)

Aluguéis a Pagar
a Caixa
_____   _____

Esse procedimento será adotado durante todo o ano, inclusive em relação ao aluguel de dezembro, que será pago em 10 de janeiro do ano seguinte.

Diante do exposto, você concordará que a resposta correta da questão apresentada no início desta Leitura Complementar é a alternativa "d". Na realidade, questões dessa natureza deverão conter, em seu enunciado, informações mais precisas que possibilitem ao aluno (leitor) identificar qual o sistema de Apuração de Resultados adotado pela empresa: mensal ou anual.

Atividades Práticas

Prática 1

A empresa Comercial Panda Ltda., que apura seus resultados somente no final do ano, não tendo por hábito apropriar as Despesas com aluguéis mensalmente, efetuou, no dia 10 de abril, o pagamento do aluguel referente ao mês de março, em dinheiro, no valor de $ 2.000.

Pede-se:

a) Contabilizar o Fato no dia do pagamento.

Prática 2

A empresa Comercial Esmeralda Ltda., que apura seus resultados mensalmente, paga aluguel mensal no valor de $ 3.000 para a Novo Lar Imóveis Ltda., referente ao imóvel onde está instalada.

Pede-se:

a) Apropriar, no dia 28 de fevereiro, o aluguel que será pago no dia 10 de março;
b) Contabilizar, no dia 10 de março, o pagamento do aluguel referente a fevereiro, por meio do cheque nº 100, de sua emissão, contra o Banco Cardoso S/A.

Prática 3

A Loja Flórida Ltda., que adota o Sistema de Inventário Periódico, não tem por praxe apropriar a Despesa de aluguel mensal.

Considerando que o aluguel de dezembro de X1, que será pago em janeiro de X2, é de $ 4.000, pede-se:

a) Apropriar, em 31 de dezembro de X1, o aluguel referente a dezembro de X1;

b) Contabilizar o pagamento que foi efetuado por meio do cheque nº 220, de sua emissão, contra o Banco Cardoso S/A, em 10 de janeiro de X2.

4.2.1.1.2 Despesas com Salários e Encargos

A exemplo do que ocorre com a contabilização dos aluguéis, a empresa deve apropriar, no final de cada mês, as despesas com salários e encargos devidos em decorrência dos serviços prestados a ela por seus empregados durante o referido mês.

A contabilização das despesas com salários é feita com base na folha de pagamento. Folha de pagamento é um documento em que são relacionados os nomes dos empregados da empresa, o valor bruto de seus salários, as deduções e o valor líquido que cada um tem a receber.

Salários

Salários correspondem ao montante que a empresa deve aos seus empregados em contrapartida dos serviços por eles prestados a ela.

Esse montante costumam ser composto de salário fixo, mais comissões e mais horas extras. Os empregados têm direito, ainda, a receber férias e décimo terceiro salário.

Normalmente, os empregados são obrigados a pagar ao Governo tributos de acordo com seu salário. Os tributos mais comuns são a Contribuição de Previdência e o Imposto de Renda.

As importâncias devidas pelos empregados ao Governo são retidas pela empresa (descontadas de seus salários).

Assim, os empregados recebem o salário líquido e, posteriormente, a empresa repassará aos órgãos competentes as importâncias retidas (descontadas) e devidas pelos empregados.

Encargos Sociais

Compreendem outras despesas que, por força da legislação vigente no país (trabalhista e previdenciária), a empresa se obriga a pagar além do montante dos salários.

Os encargos sociais que as empresas brasileiras têm sobre a folha de pagamento são:

- Contribuição de Previdência (parte patronal);
- Contribuição para o Fundo de Garantia do Tempo de Serviço (FGTS);
- Férias;
- Décimo Terceiro Salário.

EXEMPLO PRÁTICO

Suponhamos as seguintes informações extraídas da folha de pagamento da empresa Eduardo Lima S/A, referente ao mês de janeiro de X5:

- Valor bruto da folha — $ 100.000
- Contribuição de Previdência retida dos empregados — $ 10.000
- IRRF retido dos empregados — $ 5.000
- Líquido a ser pago aos empregados — $ 85.000
- Contribuição de Previdência parte patronal — $ 27.800
- FGTS — $ 8.000

Observe que, na folha de pagamento em questão, o salário bruto dos empregados corresponde a $ 100.000 e o líquido que receberão corresponde a $ 85.000, ou seja, $ 100.000 menos $ 10.000 de contribuição previdenciária e menos $ 5.000 de Imposto de Renda.

Observe, também, que, em relação a essa folha de pagamento, a empresa tem as seguintes despesas:

- Salários — $ 100.000
- Contribuição de Previdência parte patronal — $ 27.800
- FGTS — $ 8.000
- Total — $ 135.800

notas

- O valor retido dos salários dos empregados que a empresa deverá repassar para a Previdência Social varia conforme a faixa salarial de cada um. Frequentemente, o Governo altera essas faixas salariais para fins de recolhimento e de pagamento dos benefícios aos seus segurados.
- No Brasil, a importância que a empresa deve recolher para a Previdência Social, considerada parte patronal que incide sobre o valor bruto da folha de pagamento, corresponde à somatória de encargos devidos à própria Previdência (INSS e SAT), bem como a terceiros (Sebrae, Senai, Sesi etc.), cujos percentuais também são frequentemente alterados por dispositivos legais.
- O percentual que as empresas devem recolher a título de FGTS corresponde a 8% sobre o valor bruto devido aos empregados. Esse percentual também está sujeito a alterações, embora essa ocorrência seja mais rara que os dois casos já comentados.
- É importante destacar que a Previdência Social e o FGTS são benefícios constantes na legislação brasileira, podendo ou não existir em outros países.
- É importante destacar que tanto empregados como empregadores poderão estar sujeitos a outras obrigações, das quais não trataremos aqui, dado o caráter introdutório da presente obra.

Contabilização da Folha de Pagamento

Para entender o mecanismo que envolve a contabilização de uma folha de pagamento de salários, você precisa saber que os empregados recebem seus salários sempre no mês seguinte ao mês trabalhado. Isto equivale a dizer que as empresas efetuarão o pagamento dos gastos com salários relativos à folha de pagamento sempre no mês seguinte ao da ocorrência de seus Fatos geradores. Ressalte-se que o Fato gerador do gasto com salários e demais encargos ocorre quando o trabalhador presta serviços para a empresa.

Você já deve ter percebido que os gastos com salários e encargos incorridos em determinado mês deverão integrar o resultado do referido mês. Esse é um dos motivos que justifica a elaboração e a contabilização da folha de pagamento no último dia de cada mês. De posse da folha, os gastos com salários e encargos serão apropriados ao resultado do respectivo mês.

Assim, a contabilização da folha de pagamento deve ser feita em duas etapas:

1. No final do mês, quando ela é elaborada, são efetuados os lançamentos de apropriação das despesas com salários e dos encargos.
2. No mês seguinte são feitos os lançamentos da liquidação da folha correspondente ao pagamento do líquido aos empregados e aos recolhimentos dos encargos incidentes sobre a folha.

Veja, agora, como será contabilizada a folha de pagamento da empresa Eduardo Lima S/A, referente ao mês de janeiro de X5:

1ª etapa: apropriações – no último dia do mês

A apropriação dos gastos com a folha de pagamento na empresa comercial é feita debitando-se as contas que representam as respectivas despesas e creditando-se as contas de obrigações próprias.

```
(1)  Salários
        a Salários a Pagar
              Pela apropriação da folha de paga-
           mento referente ao mês de janeiro de X5.      100.000
     _____  _____


(2)  Salários a Pagar
        a Diversos
              Pelas retenções conf. folha:
        a Contribuições de Previdência a Recolher
              Valor retido conf. folha.                   10.000
        a IRR Fonte a Recolher
              Valor retido conf. folha.                    5.000      15.000
     _____  _____
```

Capítulo 4 • Regimes contábeis

Observações

▸ Observe que, com o débito de $ 15.000 na conta Salários a Pagar, esta ficou com seu saldo diminuído desse valor. Seu saldo após esse lançamento refletirá o líquido a ser pago aos empregados, que é igual a $ 85.000.

▸ Observe também que, com os créditos de $ 10.000 na conta Contribuições de Previdência a Recolher e de $ 5.000 na conta Imposto de Renda a Recolher, tais valores devidos ao Governo pelos empregados ficaram devidamente registrados em contas representativas de obrigações para que, no mês seguinte, sejam repassados ao Governo.

(3)	Contribuições de Previdência	
	a Contribuições de Previdência a Recolher	
	Ref. parte patronal conf. folha.	27.800

(4)	Contribuições para o FGTS	
	a FGTS a Recolher	
	8% conf. folha.	8.000

2ª Etapa: liquidação – no mês seguinte

Suponhamos que, no dia 5 do mês de fevereiro, a empresa tenha efetuado o pagamento do líquido aos empregados e os recolhimentos de todas as obrigações decorrentes da folha de pagamento de janeiro, em dinheiro.

O registro contábil ficará como segue:

(4)	Diversos		
	a Caixa		
	Pela liquidação da folha de		
	pagamento de janeiro, como segue:		
	Salários a Pagar		
	Líquido pago aos empregados	85.000	
	Contribuições de Previdência a Recolher		
	Recolhimento conf. guia.	37.800	
	FGTS a Recolher		
	Recolhimento conf. guia	8.000	145.800

Observação

▸ Observe que as os despesas e encargos sociais com a folha de pagamento foram devidamente apropriados no mês de janeiro e, agora, em fevereiro, o registro contábil é feito para evidenciar o cumprimento das obrigações, envolvendo somente contas patrimoniais.

Noções de Contabilidade Comercial

> **notas**
>
> - Mesmo para as empresas que costumam apurar seus resultados somente no final do exercício social, recomenda-se a contabilização das folhas de pagamentos mensais, em duas etapas, conforme explicamos nesta seção, uma vez que o critério apresentado facilita o controle das despesas e obrigações. Entretanto, não havendo interesse pela apropriação mensal, pelo menos em 31 de dezembro o procedimento será obrigatório em relação à folha de pagamento do referido mês de dezembro, em atendimento ao regime contábil de competência.
> - Não havendo apropriação mensal, os gastos com as folhas de pagamento serão lançados a débito de contas de despesas, nos dias dos respectivos pagamentos.

Férias

A legislação trabalhista brasileira garante que todo empregado, após cada período de 12 meses de trabalho na empresa, tem direito a 30 dias corridos de férias regulamentares, observando-se o limite de faltas estabelecido pela própria legislação trabalhista.

Para cada mês trabalhado ou fração superior a 14 dias, o empregado tem direito a 1/12 de 30 dias de férias. Isso equivale a 2 dias e meio de férias para cada mês trabalhado.

O valor das férias deve ser pago ao trabalhador brasileiro dois dias antes do período determinado para o gozo das respectivas férias. Esse valor corresponde ao salário do mês acrescido de 1/3 desse mesmo valor.

Embora o valor das férias seja pago de uma só vez ao trabalhador, a empresa deverá apropriar mensalmente a parcela correspondente às férias a que o empregado faz jus, tendo em vista que o referido valor corresponde à despesa incorrida no respectivo mês. Agindo dessa forma, esse valor será incluído no resultado do período.

Como se trata de despesa incorrida cujo valor somente será pago ao trabalhador em época oportuna, para contabilizá-la debita-se uma conta que represente a despesa respectiva (pode ser a conta Férias) e creditando-se uma conta do Passivo Circulante que represente a respectiva obrigação (pode ser a conta Férias a Pagar).

Para conhecer o valor das férias que deverá ser provisionado mensalmente, alguns cuidados precisam ser tomados visando aproximar-se ao máximo da realidade.

Os cálculos devem ser efetuados levando-se em conta a forma de remuneração (base mensal, por hora, tarefa etc.), o número de horas diárias que o empregado fica à disposição da empresa, os encargos sociais, os aumentos reais de salário etc.

Calcularemos o valor das férias à razão de 1/12 sobre o valor bruto da folha de pagamento, acrescido dos encargos sociais respectivos.

EXEMPLO PRÁTICO

Sabendo que o valor bruto da folha de pagamento, acrescido dos encargos sociais da empresa Eduardo Lima S/A, no mês de janeiro de X5, foi de $ 135.800,00, faremos:

$$1/12 \text{ de } 135.800 = 11.316,66$$
$$11.316,66 + 1/3 = 15.088,88$$

EXEMPLO PRÁTICO

Contabilização no Livro Diário em 31 de janeiro de X5:

(4) Férias
       a Férias a Pagar
              Valor que se provisiona com base em
           1/12 da remuneração acrescida dos
           encargos conf. folha de janeiro/X5,
           acrescido ainda de 1/3 desse valor.   15.088,88

Observações

▸ A conta debitada, Férias, é conta de despesa e, com esse débito, possibilita que essa despesa integre o resultado do mês de janeiro.

▸ A conta creditada, Férias a Pagar, é do Passivo Circulante. Essa conta, mensalmente, receberá a crédito o valor das férias provisionadas. No mês em que ocorrer pagamento de férias aos empregados, essa conta será debitada, creditando-se as contas Caixa ou Bancos conta Movimento.

▸ Por razões de simplificação, apropriamos a obrigação com as férias e respectivos encargos na conta Férias a Pagar. Contudo, poderíamos utilizar contas de obrigações distintas, como Férias a Pagar, Contribuições de Previdência sobre Férias a Recolher e FGTS sobre Férias a Recolher.

Décimo terceiro salário

O décimo terceiro salário, também conhecido como gratificação de Natal, é mais um dos direitos do trabalhador previsto na legislação trabalhista brasileira.

Corresponde a um salário extra pago a todo trabalhador que tenha trabalhado na mesma empresa durante os doze meses do ano.

Será pago integralmente se o empregado trabalhou na empresa durante os doze meses do ano e proporcionalmente ao tempo trabalhado caso tenha iniciado o trabalho durante o ano, se for demitido ou, ainda, se pedir demissão antes de seu término.

O décimo terceiro salário deve ser pago em duas parcelas: a primeira poderá ser paga junto com as férias do empregado, nos meses de janeiro a novembro ou, no máximo, até o dia 30 de novembro, e a segunda, no mês de dezembro, até o dia 20, no máximo.

Para efeito de cálculo do décimo terceiro salário, considera-se mês integral o período de 15 dias ou mais trabalhados no mês.

O tratamento a ser dado para cálculo e contabilização mensal do décimo terceiro salário é o mesmo que já estudamos com relação às férias, pois mensalmente os trabalhadores fazem jus ao equivalente a 1/12 da remuneração que receber no respectivo mês.

A única diferença é que, no caso do décimo terceiro salário, não há o acréscimo de 1/3 como ocorre com as férias.

EXEMPLO PRÁTICO

Sabendo que o valor bruto da folha de pagamento, acrescido dos encargos sociais da empresa Eduardo Lima S/A, no mês de janeiro de X5, foi de $ 135.800, faremos:

1/12 de 135.800 = 11.316,66

Contabilização no Livro Diário em 31 de janeiro de X5:

Décimo Terceiro Salário
a Décimo Terceiro Salário a Pagar
    Valor que se provisiona com base em
  1/12 da remuneração acrescida dos
  encargos conf. folha de janeiro/X5.   11.316,66

Observações

▶ A conta debitada, Décimo Terceiro Salário, é conta de despesa. Com esse débito, a despesa incorrida com a parcela do décimo terceiro salário referente a janeiro ficou devidamente apropriada no mês de sua competência.

▶ A conta creditada, Décimo Terceiro Salário a Pagar, é do Passivo Circulante. Essa conta, mensalmente, receberá a crédito o valor do décimo terceiro salário provisionado. No mês de dezembro, quando ocorrerá o pagamento do décimo terceiro salário aos empregados, essa conta será debitada creditando-se as contas Caixa ou Bancos conta Movimento.

▶ Por razões de simplificação, apropriamos a obrigação com o décimo terceiro salário e respectivos encargos na conta Décimo Terceiro Salário a Pagar. Contudo, poderíamos utilizar contas de obrigações distintas, como Décimo Terceiro Salário a Pagar, Contribuições de Previdência sobre Décimo Terceiro Salário a Recolher e FGTS sobre Décimo Terceiro Salário a Recolher.

Atividades Práticas ❷

Prática 1 – solucionada

Dados extraídos da Folha de Pagamento referente ao mês de setembro:

• Valor bruto da folha	30.000
• Contribuição de Previdência retida dos empregados	2.400
• Contribuição de Previdência (parte patronal)	8.040
• FGTS	2.400

Capítulo 4 • Regimes contábeis

Pede-se:

a) apropriar as Despesas no dia 30 de setembro;

b) efetuar a liquidação da Folha em 5 de outubro, considerando que os pagamentos foram efetuados em dinheiro.

Solução

(Para sua conferência, somente lançamentos de Diário, sem histórico)

a) Apropriação da Folha em 30 de setembro

(1) Salários
 a Salários a Pagar   34.000

_____   _____

(2) Salários a Pagar
 a Contribuições de Previdência a Recolher   2.400

_____   _____

(3) Encargos Sociais
 a Diversos
 a Contribuições de Previdência a Recolher   8.040
 a FGTS a Recolher   2.400   10.440

_____   _____

b) Liquidação da Folha, no mês de outubro

(4) Diversos
 a Caixa
 Salários a Pagar   27.600
 Contribuições de Previdência a Recolher   10.440
 FGTS a Recolher   2.400   40.440

_____   _____

Prática 2

Dados extraídos da Folha de Pagamento do mês de março:

- Valor bruto da folha   5.000
- Contribuição de Previdência retida dos empregados   (8%)
- Contribuição de Previdência, parte patronal   (26,8%)
- FGTS   (8%)

Pede-se:

a) apropriar as Despesas em 31 de março;

b) contabilizar a liquidação da Folha em 5 de abril, considerando que os pagamentos forem efetuados em dinheiro.

Noções de Contabilidade Comercial

Prática 3

Dados extraídos da Folha de Pagamento do mês de julho:

- Valor bruto da Folha — 100.000
- Contribuição de Previdência retida dos empregados — (8%)
- Imposto de Renda retido dos empregados — 15.000
- Salário-família a ser pago aos empregados — 1.000
- Contribuição de Previdência, parte patronal — (26,8%)
- FGTS — (8%)

Pede-se:

a) apropriar as despesas em 31 de julho;
b) contabilizar, em 5 de agosto, somente o pagamento do líquido aos empregados, em dinheiro.

4.2.1.2 *Despesas pagas antecipadamente*

São despesas pagas antes das ocorrências de seus Fatos geradores.

Enquanto tais Fatos não acontecerem, esses gastos representam direitos para a empresa, motivo pelo qual, no dia em que forem pagos, deverão ser contabilizados a débito das contas patrimoniais do Ativo Circulante que espelharem, adequadamente, os respectivos direitos.

As despesas mais comuns pagas antecipadamente são: despesas com Seguros, com Aluguéis e com Materiais de Consumo, conforme veremos a seguir.

4.2.1.2.1 Despesas com Seguros

As empresas costumam fazer Seguro para cobrir eventuais perdas causadas por furtos ou decorrentes de bens danificados por incêndio, vendaval, colisão etc.

Os bens que estão mais sujeitos a riscos são os veículos e os estoques, embora muitas empresas façam Seguro também de Móveis e Utensílios, de Computadores e de Imóveis.

Para segurar bens, a empresa solicita a presença de um corretor de seguros em seu estabelecimento, a quem caberá avaliar os respectivos bens, definindo o valor a ser segurado (a ser coberto contra os riscos).

Consultando tabelas pré-elaboradas e em função do valor a ser segurado, o corretor encontrará o valor da despesa que a empresa terá de pagar para ter seu patrimônio coberto contra os riscos.

O valor da despesa que a empresa deverá pagar à companhia seguradora é denominado Prêmio de Seguro.

Os seguros costumam ter validade de um ano, isto é, uma vez assinado o contrato, o patrimônio segurado ficará coberto durante 365 dias. Quando se tratar de ano bissexto, em que o mês de fevereiro estiver incluso no período da cobertura, o Patrimônio ficará segurado por 366 dias.

A cobertura passa a vigorar da zero hora do dia posterior àquele em que o contrato for assinado às 24 horas do dia em que ele for assinado, porém, do ano seguinte. Exemplo: contrato assinado no dia 22 de setembro de X2 vigorará da zero hora do dia 23 de setembro de X2 às 24 horas do dia 22 de setembro de X3.

Quando a empresa decidir pelo pagamento à vista, o próprio corretor de seguros poderá emitir um recibo e, posteriormente, a companhia seguradora encaminhará para a empresa a cópia da respectiva apólice. Há também outras opções para a realização do pagamento à vista, como boleto bancário, débito na conta-corrente da empresa etc.

Suponhamos que, no dia 24 de junho de X1, nossa empresa tenha firmado Contrato de Seguro com a Companhia Insurance, referente a um automóvel, avaliado em $ 21.000, tendo pagado, no ato, por meio do cheque nº 730.001, de nossa emissão, contra o Banco Cardoso S/A, a importância de $ 1.095 de despesas. O veículo ficará coberto contra o risco da zero hora do dia 25 de junho de X1 às 24 horas do dia 24 de junho de X2.

Nessa operação estão envolvidos dois acontecimentos:

a) **Um Fato administrativo:** o pagamento da despesa antecipada ocasionou a diminuição do Ativo, decorrente da saída de dinheiro da conta-corrente bancária. Ao mesmo tempo, acarretou aumento no Ativo, pois, como a despesa foi paga antecipadamente e seu Fato gerador ainda não ocorreu, o valor da despesa paga antecipadamente representará direito da empresa junto à companhia seguradora, a qual se comprometeu a garantir o Seguro do respectivo bem.

b) **Um Ato administrativo:** a assinatura do contrato de seguro caracteriza um Ato administrativo relevante, o qual deverá ser contabilizado por meio de contas de Compensação.

Veja os procedimentos contábeis desse acontecimento, começando pelo Fato administrativo:

Prêmios de Seguro a Vencer
a Bancos conta Movimento
a Banco Cardoso S/A
    Pagamento efetuado à Companhia
    Insurance, por meio do nosso
    cheque nº 730.001, conf. recibo desta
    data, ref. apólice de Seguro de auto-
    móvel, a vigorar pelo período de um ano.   1.095
_____ _____

Observações

▶ Para registrar o valor da despesa paga antecipadamente, foi debitada a conta Prêmios de Seguro a Vencer, que é conta Patrimonial e pertence ao subgrupo despesas do exercício Seguinte, do Ativo Circulante.

▶ Enquanto não ocorrer o Fato gerador da despesa de Seguro, o qual se dará com o passar dos dias, o valor da despesa paga antecipadamente representa direito da empresa junto à companhia seguradora, a qual se compromete a ressarcir a empresa contratante até o limite do valor segurado, caso ocorram danos (durante a vigência do contrato) ao Bem segurado.

▶ No final de cada mês ou no final do ano, conforme o caso, a empresa deverá apropriar o valor da despesa incorrida no respectivo período, debitando uma conta de despesa (Prêmios de Seguro) e creditando a conta que registrou a despesa paga antecipadamente (Prêmios de Seguro a Vencer).

Para conhecer o valor da despesa de Seguro incorrida em um período, mês ou ano, você deverá fazer o seguinte cálculo:

Para obter o valor diário da despesa de Seguro, divida o valor da despesa do Seguro por 365 dias ou por 366, quando se tratar de ano bissexto, em que o mês de fevereiro estiver incluído no período de cobertura. Em seguida, multiplique o valor diário do Seguro pelo número de dias do período (mês ou ano), o que lhe permitirá conhecer o valor da despesa a ser apropriada naquele período.

Conforme já estudamos, as empresas que apuram resultados mensais deverão apropriar as despesas com Seguros no final de cada mês; as que apuram os resultados uma só vez ao ano deverão apropriá-las somente no último dia do respectivo ano. Veja agora os procedimentos de uma empresa que apura resultados mensais. Utilizaremos os valores do exemplo anterior.

Cálculo da despesa incorrida em junho de X1: $ 1.095 dividido por 365 dias = $ 3 por dia
Como o período de 25 a 30 de junho abrange 6 dias (inclui-se o dia 25 na contagem), faremos: 6 dias × $ 3 = $ 18.

Contabilização em 30 de junho:

Prêmios de Seguro
a Prêmios de Seguro a Vencer
    Apropriação que se processa da despesa incorrida de 25 a 30 do corrente,
    conf. cálculos.   18

_____ _____

Capítulo 4 · Regimes contábeis

Veja a posição das contas envolvidas em seus respectivos Razonetes:

PRÊMIOS DE SEGURO A VENCER		
	1.095	18
Saldo	1.077	

PRÊMIOS DE SEGURO	
18	

Observações

▶ Observe a variação do saldo da conta Prêmios de Seguro a Vencer, utilizada para registrar o valor da despesa paga antecipadamente. O saldo, que antes do lançamento da apropriação era de $ 1.095, passou a ser de $ 1.077 depois do lançamento.

▶ Observe também que a conta Prêmios de Seguro, que é de despesa, quando debitada no lançamento da apropriação, passou a ter saldo devedor de $ 18, valor referente à despesa incorrida no período. O saldo dessa conta será transferido para a conta Resultado do Exercício, juntamente com as demais despesas, por ocasião da Apuração do Resultado.

▶ Esse mesmo procedimento deverá ser feito mensalmente até o dia 24 de junho de X2, data em que toda a despesa de seguro referente ao contrato em questão já terá sido incorrida.

Veja, agora, os procedimentos de uma empresa que apura seus resultados somente no final do ano.

Considerando os mesmos dados do exemplo anterior, teremos:

Cálculos:

$$\$ 1.095/365 \text{ dias} = \$ 3 \text{ por dia}$$

Cálculo do número de dias, de 25 de junho a 31 de dezembro de X1: junho, 6; julho, 31; agosto, 31; setembro, 30; outubro, 31; novembro, 30 e dezembro, 31. Total: 190 dias.

$$190 \text{ dias} \times \$ 3 = \$ 570$$

Contabilização em 31/12/X1:

Prêmios de Seguro
a Prêmios de Seguro a Vencer
    Apropriação que se processa da
despesa de seguro incorrida no período
de 25 de junho a 31 de dezembro do
corrente, conforme cálculos.   570

_____ _____

Veja, agora, como ficará a contabilização do Ato administrativo.

É importante destacar que as contas de compensação são consideradas extrapatrimoniais, pois não representam bens, direitos, obrigações, Patrimônio Líquido, despesas ou receitas. Elas destinam-se apenas ao registro dos Atos administrativos considerados relevantes, ou seja, aqueles que poderão provocar, futuramente, modificações no patrimônio da empresa.

O funcionamento das contas de compensação, que são apropriadas para o registro de operações envolvendo seguros, ocorre da seguinte maneira:

a) debita-se a conta de compensação do Ativo e credita-se sua contrapartida do Passivo, no momento da ocorrência do Ato;

b) quando expirar o prazo do contrato, inverte-se o lançamento anterior para dar baixa no sistema de compensação.

As contas de compensação têm como finalidade permitir que os contratos, os ônus, os riscos, os valores de Terceiros que estiverem em poder da empresa, bem como os valores da empresa que estiverem em poder de Terceiros – que possam provocar variações futuras no patrimônio da empresa –, fiquem devidamente caracterizados nos registros contábeis.

Veja, finalmente, como contabilizaremos o Ato em questão:

Seguros Contratados
a Contratos de Seguros
    Contrato de Seguro firmado junto à
Companhia Insurance, pelo
período de um ano, conf. apólice nº x.   21.000

_____ _____

Observações

▸ Esse registro não interfere nos valores patrimoniais, mas indica que a empresa tem, em seu Patrimônio, uma cobertura no valor de $ 21.000 contra eventuais perdas, de acordo com o que estabelece o respectivo contrato.

▸ As Contas de Compensação não precisam figurar no Balanço Patrimonial. Basta citar detalhadamente os respectivos Atos administrativos nas Notas Explicativas que acompanham as Demonstrações Contábeis da empresa.

Atividades Práticas ❸

Prática 1 – solucionada

No dia 19 de maio, nossa empresa firmou contrato de Seguro contra incêndio com a Companhia Solarium, tendo pagado a importância de $ 1.500, referente ao prêmio, conforme recibo nº 70. O valor segurado, pelo período de um ano, foi de $ 150.000.

a) contabilizar o pagamento da despesa, efetuada em dinheiro;
b) registrar o Ato administrativo por meio das contas de compensação.

Solução

(Para sua conferência, apenas lançamentos de Diário)

(a) Contabilização do pagamento da despesa:
Prêmios de Seguro a Vencer
a Caixa
      Paga à Companhia Solarium, conf.
      recibo nº 70.   1.500

_____ _____

(b) Contabilização do Ato:
Seguros Contratados
a Contratos de Seguros
      Contrato de Seguro firmado com a
      Companhia Solarium, conf. apólice etc.   150.000

_____ _____

Prática 2

Seguro firmado com a Companhia XYZ, em 01/07/X1, contra incêndio, conforme apólice Y. O valor segurado foi de $ 200.000, e a Despesa foi paga em dinheiro, no valor de $ 2.000, conforme recibo nº 1.930.

Pede-se:

a) contabilizar o pagamento da Despesa;
b) contabilizar o Ato administrativo, através das contas de compensação.

Prática 3

Em 18 de setembro de X1, nossa empresa firmou contrato de seguro contra incêndio com a Companhia ABC, pelo período de um ano, conforme apólice nº 801. O valor segurado foi de $ 500.000 e a Despesa importou em $ 3.650, paga em dinheiro, no próprio dia 18 de setembro, conforme recibo nº 240.

Pede-se:

Considerando que a empresa apura seus resultados mensalmente, proceder:

a) contabilizar o Fato e o Ato ocorridos em 18 de setembro;
b) apropriar a Despesa incorrida até 30 de setembro de X1.

Prática 4

Seguro contra incêndio firmado com a Companhia Insurance, pelo período de um ano, conforme apólice nº 701, a saber:

- Valor segurado = $ 900.000.
- Valor do Prêmio pago por meio do cheque nº 701, de nossa emissão, contra o Banco Cardoso S/A = $ 10.950, conforme recibo nº 333.
- A empresa apura seus resultados somente no final do ano.

Pede-se:

a) contabilizar o pagamento da Despesa em 20 de abril de X2;
b) contabilizar o Ato em 20 de abril de X2;
c) apropriar a Despesa incorrida até 31 de dezembro de X2;
d) apropriar a Despesa incorrida referente ao período de 01/01/X3 a 20/04/X3;
e) dar a baixa no sistema de compensação, no dia 20/04/X3, data em que o contrato se encerrou.

4.2.1.2.2 Despesas com Aluguéis

Os Aluguéis constituem outro caso de despesa que pode ser paga antecipadamente.

Suponhamos que, no dia 20 de dezembro de X1, nossa empresa decidiu pagar ao proprietário do imóvel onde está instalada a importância de $ 5.000, correspondente ao Aluguel do mês de janeiro de X2, cuja despesa deveria ser paga somente no dia 10 de fevereiro de X2.

Contabilização em 20 de dezembro de X1:

Aluguéis Passivos a Vencer
a Caixa
      Pagamento efetuado ao sr. Joaquim,
    ref. ao aluguel de janeiro de X2.   5.000

_____ _____

Como o Fato gerador do Aluguel em questão ocorrerá somente no mês de janeiro de X2, e tendo em vista o regime de competência, nesse exercício, debitamos a conta Aluguéis Passivos a Vencer, que é patrimonial e pertence ao subgrupo Despesas do Exercício Seguinte, do Ativo Circulante.

No último dia do mês de janeiro de X2, para apropriar a despesa que foi paga antecipadamente nesse exercício, faremos o seguinte lançamento de ajuste:

Aluguéis Passivos
a Aluguéis Passivos a Vencer
      Pela apropriação do Aluguel deste
    mês, pago antecipadamente no
    exercício anterior.   5.000

_____ _____

Atividades Práticas ❹

Uma empresa de prestação de Serviços que apura seus resultados somente no final de cada ano pagou, no dia 15 de dezembro de X8, em dinheiro, a importância de $ 800 à sra. Mariana Garcia, referente ao aluguel de janeiro de X9.

Pede-se:

a) contabilizar o pagamento no dia 15/01/X9;
b) apropriar a despesa em 31/01/X9.

4.2.1.2.3 Despesas com materiais de consumo

Para contabilizar os materiais que a empresa adquire para consumo próprio, como ocorre com os Materiais de Expediente e Limpeza, há que se considerarem duas situações:

1. Quando a empresa compra em pequenas quantidades para consumo imediato. Neste caso, seja qual for o sistema de Apuração de Resultado adotado pela empresa (mensal ou anual), o valor da compra poderá ser contabilizado a débito de uma conta de despesa.

   Exemplo: compra, à vista, de 500 folhas de papel tamanho ofício 2 e 6 canetas esferográficas, conforme NF nº 741 da Papelaria Carolina, no valor de $ 8.

Contabilização:

Material de Expediente
a Caixa
   NF nº 741 da Papelaria Carolina.   8
_____ _____

> **Observação**
>
> ▸ A conta Material de Expediente, que é do grupo das Despesas Operacionais, sendo debitada, indica que o referido Fato corresponde a despesa do período.

2. Quando a empresa adquire esses materiais em grandes quantidades para consumo futuro. Neste caso, como no momento da compra não é caracterizada a despesa, uma vez que não há consumo, o procedimento mais correto do ponto de vista técnico será contabilizar o valor da compra a débito de uma conta de estoque.

   Se a empresa adotar o Sistema de Inventário Permanente, toda vez que algum setor da empresa precisar retirar do estoque materiais para consumo, a pessoa responsável deverá emitir um documento, que poderá ser uma Requisição de Material mediante a qual o referido Fato deverá ser contabilizado, debitando-se uma conta de despesa e creditando-se a Conta do estoque para dar a baixa respectiva. Se, no entanto, a empresa adotar o Sistema de Inventário Periódico, o registro da Despesa poderá ser efetuado somente no final do ano, comparando-se o estoque físico com o estoque contábil. Estoque físico é o que realmente existe, apurado mediante contagem dos objetos estocados, e estoque contábil é aquele registrado pela Contabilidade, obtido consultando-se o saldo da respectiva conta, no Livro Razão.

Veja melhor:

a) Empresa que adota o sistema mensal de Apuração de Resultados (inventário permanente)

Suponhamos que, no dia 1º de julho de X1, a empresa tenha adquirido materiais de expediente no valor de $ 10.000, conforme NF nº 1.005 da Distribuidora Notre--Dame Ltda.

Contabilização:

Estoque de Material de Expediente
a Caixa
      NF nº 1.005 da Distr. Notre-Dame Ltda.   10.000

Observação

▶ A conta Estoque de Material de Expediente, que é do Ativo Circulante, foi debitada porque a compra de materiais de consumo em grande quantidade não caracteriza a Despesa, uma vez que, no ato da compra, não houve consumo.

Suponhamos, agora, que no dia 5 de julho tenham sido retirados do estoque, material de expediente no valor de $ 20, conforme Requisição nº 1.

Contabilização:

Material de Expediente
a Estoque de Material de Expediente
      Requisição nº 1.   20

Observações

▶ A conta Material de Expediente, que é do grupo das Despesas Operacionais, foi debitada porque, nesse momento, a despesa ficou caracterizada, ou seja, os materiais foram requisitados para consumo. O saldo dessa conta será transferido para a conta Resultado do Exercício, no momento da Apuração do Resultado do Exercício.

▶ A conta Estoque de Material de Expediente foi creditada para dar baixa de $ 20 nos estoques referente aos materiais retirados para consumo.

b) Empresa que adota o Sistema de Apuração Anual dos Resultados (inventário periódico)

Suponhamos que no dia 10 de agosto de X1 a empresa adquiriu, à vista, materiais de expediente, no valor de $ 30.000, conforme NF nº 1.001 da Papelaria Parisiense S/A.

Contabilização:

Estoque de Material de Expediente
a Caixa
        NF nº 1.001 Papelaria Parisiense S/A   30.000

_____ _____

Observação

▸ Como ocorreu compra em grande quantidade, os materiais foram contabilizados a débito da conta Estoque de Material de Expediente, que é do Ativo Circulante.

Tendo em vista que essa empresa apura seus resultados costumeiramente no final do ano, sempre que houver requisição de material para utilização, não haverá necessidade de contabilizar a despesa e muito menos de proceder à baixa nos estoques. Neste caso, a contabilização da despesa será feita uma só vez, no final do ano, por ocasião da Apuração do Resultado do Exercício, comparando-se o estoque físico com o estoque contábil.

Acompanhe: vamos assumir que, no dia 31 de dezembro de X1, tenha sido feita uma contagem física (inventário) dos materiais de expediente, ficando constatado que havia em estoque $ 13.000 de materiais ainda não consumidos.

Como o estoque contábil indicava um saldo de $ 30.000 e o estoque físico mediante contagem realizada indicou a existência de $ 13.000, concluímos que a diferença de $ 17.000 corresponde ao consumo do período. O ajuste será feito pelo seguinte lançamento:

Material de Expediente
a Estoque de Material de Expediente
        Ajuste que se processa, ref. ao
        consumo do período   17.000

_____ _____

Observações

▸ A conta Material de Expediente, sendo debitada, indica que no período foram consumidos $ 17.000 de Material de Expediente. O saldo dessa conta será transferido para a conta Resultado do Exercício, no momento da Apuração do Resultado.

▸ A conta Estoque de Material de Expediente, sendo creditada por $ 17.000, ficará com saldo de $ 13.000, que corresponde ao valor do estoque físico existente em 31 de dezembro. Essa conta figurará no Balanço Patrimonial, classificada no Ativo Circulante.

Veja a posição das contas envolvidas, após o lançamento de ajuste, em seus respectivos Razonetes:

ESTOQUE DE MAT. EXPEDIENTE		MATERIAL DE EXPEDIENTE
30.000	17.000	17.000
Saldo 13.000		

Observe, finalmente, que a conta Estoque de Material de Expediente, após o ajuste, ficou com saldo devedor de $ 13.000, cujo valor corresponde ao estoque final apurado, ao passo que a conta Material de Expediente, debitada por $ 17.000 no lançamento de ajuste, representa o consumo do período.

Atividades Práticas

Prática 1

Compra de materiais de limpeza, para consumo imediato, conforme NF nº 559, do Supermercado Sucesso, no valor de $ 50, cujo pagamento foi efetuado em dinheiro.

Pede-se: contabilizar o Fato supra em partidas de Diário.

Prática 2

Fatos ocorridos na Comercial PHC S/A, que adota o sistema de apuração mensal (inventário permanente) dos resultados:

a) Em 10 de junho, comprou materiais de expediente, no valor de $ 10.000, conforme NF nº 998 de Loja do Atacadista S/A, tendo pagado em dinheiro;

b) No dia 20 do mesmo mês, foram requisitados para consumo materiais no valor de $ 1.000, conforme Requisição nº 40.

Pede-se: contabilizar os Fatos nas datas respectivas.

4.2.2 Ajustes em Contas de Receitas

Os ajustes nas contas de receitas também devem ser feitos, para registrar tanto as Receitas realizadas (geradas) e não recebidas como as recebidas e ainda não realizadas.

4.2.2.1 Receitas Realizadas (ganhas) e não recebidas

Para apropriação das receitas ganhas e ainda não recebidas, debita-se uma conta do Ativo que represente o referido direito e credita-se uma conta que represente a receita respectiva.

Exemplo: nossa empresa tem um imóvel alugado para o sr. Henrique Duarte, o qual, conforme consta do contrato de locação, paga o aluguel do mês sempre no dia 10 do mês seguinte. Assim, o aluguel do mês de dezembro, que é de $ 8.000 e deve ser recebido no dia 10 de janeiro do ano seguinte, será contabilizado no dia 31 de dezembro, por meio do seguinte lançamento:

Aluguéis a Receber
a Aluguéis Ativos
    Pela apropriação do aluguel ref. ao
    mês de dezembro, a ser recebido em 10
    de janeiro p.f.   8.000

Observações

▸ A conta Aluguéis a Receber, sendo debitada, indica que a nossa empresa tem direito de receber de seu locatário a importância correspondente ao aluguel de dezembro.

▸ A conta Aluguéis Ativos, sendo creditada, indica que, no mês de dezembro, nossa empresa ganhou uma Receita com aluguel, embora ainda não a tenha recebido. Portanto, creditando a conta Aluguéis Ativos, estamos incluindo o aluguel realizado, no período de sua competência (dezembro).

▸ As empresas que apuram resultados mensais devem fazer essa apropriação mensalmente, ao passo que aquelas que apuram os resultados uma vez por ano poderão fazê-la somente no final do ano, referente à receita de dezembro.

4.2.2.2 Receitas recebidas antecipadamente (recebidas e não ganhas)

- É importante repetir: o que determina a realização da Receita é a ocorrência do respectivo Fato gerador. Assim, enquanto não ocorrer o Fato gerador da receita, mesmo que a empresa já tenha recebido do cliente o respectivo valor, essa receita não será considerada realizada ou ganha.

Suponhamos que, no dia 20 de dezembro de X1, nossa empresa tenha recebido a importância de $ 4.000, referente ao aluguel do mês de janeiro de X2, cujo vencimento ocorrerá em 10 de fevereiro, também de X2.

Neste caso, no dia 20 de dezembro de X1, data do recebimento, efetuaremos no Diário o seguinte registro:

```
Caixa
a Aluguéis Ativos a Vencer
      Recebido, nesta data, do sr. Joaquim,
      Ref. a aluguel de janeiro de X2.                4.000
_____   _____
```

Observações

▸ Com o débito efetuado na conta Caixa, o valor recebido fica devidamente registrado.

▸ Tendo em vista que o valor recebido corresponde a uma receita antecipada, foi debitada a conta Aluguéis Ativos a Vencer, conta esta do grupo das Receitas Diferidas, do Passivo Não Circulante. Assim, a receita recebida não fará parte do total das receitas do presente exercício.

No dia 31 de janeiro do ano seguinte, quando a referida receita estiver realizada, para integrá-la ao resultado do referido mês, será feita a apropriação pelo seguinte lançamento:

```
Aluguéis Ativos a Vencer
a Aluguéis Ativos
      Pela apropriação da receita d/ mês,
      recebida antecipadamente no exercício
      anterior.                                        4.000
_____   _____
```

Observação

▸ Com esse lançamento, feito no mês da realização da receita, debitando a conta Aluguéis Ativos a Vencer, estaremos dando baixa na respectiva conta, e creditando a conta Aluguéis Ativos, estaremos incluindo a receita no mês da sua competência.

Capítulo 4 • Regimes contábeis

Atividades Práticas 6

Prática 1 – solucionada

Contabilizar, em partidas de Diário, os seguintes eventos:

A empresa Lua Comércio e Confecção Ltda., que apura seus resultados mensalmente, aluga parte de seu imóvel, onde funciona um escritório de Contabilidade.

O valor do aluguel mensal é de $ 1.200, sendo que o locatário paga sempre no dia 5 do mês subsequente.

Pede-se:

a) em 30 de novembro, apropriar o aluguel referente ao mês;
b) em 5 de dezembro, contabilizar o recebimento do aluguel referente ao mês de novembro.

Solução

a) Apropriação em 30 de novembro

Aluguéis a Receber
a Aluguéis Ativos
   Apropriação do aluguel referente a
   este mês   1.200

———————— ————————

b) Registro do recebimento em 05/12

Caixa
a Aluguéis a Receber
   Recebido conf. recibo.   1.200

———————— ————————

Prática 2

Em 31 de março, apropriar o aluguel referente ao mês que será recebido no mês seguinte, no valor de $ 400.

Prática 3

Em 5 de abril, contabilizar o recebimento de $ 400 referente ao aluguel de março, devidamente apropriado no respectivo mês.

Prática 4

Em 10 de dezembro de X3, recebemos do sr. Joel a importância de $ 2.000, referente ao aluguel de janeiro de X4.

Pede-se:

a) contabilizar o recebimento em 10/12/X3;
b) apropriar a receita em 31/01/X4.

Noções de Contabilidade Comercial

Prática 5

A Comercial Espacial Ltda. tem um imóvel alugado para a Taiwan S/A, a qual paga o aluguel mensal no valor de $ 10.000, sempre no dia 10 do mês seguinte ao da ocorrência do respectivo Fato gerador.

Pede-se

a) contabilizar nos livros da Comercial Espacial Ltda.:
- apropriar, no dia 31 de agosto, o aluguel ganho no referido mês;
- contabilizar, no dia 10 de setembro, o recebimento em dinheiro do valor do respectivo aluguel, apropriado em 31 de agosto, conforme recibo nº 08.

b) contabilizar nos livros da Taiwan S/A:
- apropriar a despesa incorrida no dia 31 de agosto;
- contabilizar o pagamento em dinheiro, no dia 10 de setembro, do valor do respectivo aluguel.

4.3 Regime de Caixa

O regime de caixa é o processo contábil por meio do qual, na Apuração do Resultado do Exercício, devem ser consideradas somente as despesas pagas e as receitas recebidas durante o respectivo exercício, sendo irrelevantes as datas das ocorrências de seus Fatos geradores.

Em outras palavras, por esse regime, somente entrarão na Apuração do Resultado as despesas e as receitas que passaram pelo caixa.

Assim, as despesas serão consideradas no exercício em que forem pagas, ainda que seus Fatos geradores tenham ocorrido no exercício anterior ou que ainda venham a ocorrer no exercício seguinte.

Da mesma forma, as receitas serão consideradas no exercício em que forem recebidas, ainda que seus Fatos geradores tenham ocorrido no exercício anterior ou que venham a ocorrer no exercício seguinte.

Para o regime de caixa, o que determina a inclusão da despesa e da receita na Apuração do Resultado do Exercício é o efetivo pagamento ou recebimento, e não a ocorrência do Fato gerador.

É importante destacar que, enquanto no regime de competência, para fins de Apuração do Resultado seja preciso realizar ajustes nos saldos de algumas contas de resultado e de algumas contas patrimoniais, conforme já estudamos, no regime de caixa não cabe ajuste algum, uma vez que integrarão o resultado somente as despesas que foram pagas e as receitas que foram recebidas durante o exercício, ou seja, somente aquelas despesas e receitas que estiverem devidamente contabilizadas, como saídas ou entradas de dinheiro no caixa durante o exercício.

Deve-se destacar, finalmente, que, conforme já dissemos, tendo em vista que as normas internacionais de Contabilidade determinam que todas as empresas (entidades com fins lucrativos) devem apurar seus resultados fundamentadas no regime de competência, a adoção do regime de caixa ficou restrita às entidades sem fins lucrativos.

4.4 Comparação entre Regime de Caixa e Regime de Competência

Suponhamos que, no exercício de X2, tenham ocorrido os seguintes eventos na movimentação do patrimônio de determinada empresa:

1. Pagamentos, em dinheiro, no valor de $ 2.000, de despesas de salários e encargos referentes a dezembro de X1.
2. Pagamentos efetuados durante o exercício de X2, em cheques, no valor de $ 30.000, referentes a salários e encargos incorridos de janeiro a novembro de X2.
3. Salários e encargos de dezembro de X2, que serão pagos em janeiro de X3, no valor de $ 5.000.
4. Recebida, em janeiro de X2, a importância de $ 500, referente a aluguéis de dezembro de X1.
5. Recebida, durante o exercício de X2, a importância de $ 5.500, em dinheiro, referente a Aluguéis correspondentes aos meses de janeiro a novembro de X2.
6. Aluguel de dezembro de X2, que será recebido em janeiro de X3, no valor de $ 500.
7. Recebimento de $ 250, em dinheiro, referente à venda de um bem de uso da empresa, pelo preço de custo.
8. Pagamentos efetuados, em dinheiro, durante o exercício de X2, referentes a impostos e contribuições correspondentes aos meses de janeiro a novembro de X2, no valor de $ 12.000.
9. Impostos e contribuições referentes a dezembro de X2, que serão recolhidos em janeiro de X3, no valor de $ 1.900.
10. Serviços prestados durante o exercício de X2, recebidos à vista, no valor de $ 54.000.
11. Serviços prestados em dezembro de X2, a prazo, para recebimento no exercício de X3, no valor de $ 15.000.
12. Seguro contra incêndio firmado com a Proteção Seguradora, em 31 de agosto de X2, pelo período de um ano, a vigorar a partir de 1º de setembro. Valor do prêmio pago em 31 de agosto de X2, por meio do cheque nº 200.001, do Banco Cardoso: $ 3.650.
13. Compra, à vista, de diversos móveis e utensílios no valor de $ 800.

Vamos, agora, apurar o Resultado do Exercício dessa empresa pelos dois regimes, para que você possa compará-los e tirar suas conclusões.

- Para fins de Apuração do Resultado do Exercício pelos regimes de caixa ou de competência, as receitas recebidas e as despesas pagas em estabelecimentos bancários (débitos ou créditos na conta Bancos conta Movimento) por meio de cheques, boletos bancários, Duplicatas ou outros instrumentos, devem ser consideradas como entradas ou saídas do caixa.

a) Regime de Caixa

RESULTADO DO EXERCÍCIO			
DESPESAS		**RECEITAS**	
(1) Salários e Encargos	2.000	(4) Receitas de Aluguéis	500
(2) Salários e Encargos	30.000	(5) Receitas de Aluguéis	5.500
(8) Impostos e Contr.	12.000	(10) Receitas de Serviços	54.000
(12) Seguros	3.650		
Soma	47.650	Soma	60.000
		Saldo	12.350

nota

- O Fato nº 7, embora represente entrada de dinheiro no Caixa, não foi considerado na Apuração do Resultado, pois não corresponde a receita. O mesmo ocorreu com o Fato nº 13, que, embora represente saída de dinheiro do Caixa, não foi considerado na Apuração do Resultado, pois não corresponde a despesa.

b) Regime de Competência

RESULTADO DO EXERCÍCIO			
DESPESAS		**RECEITAS**	
(2) Salários e Encargos	30.000	(5) Receitas de Aluguéis	5.500
(3) Salários e Encargos	5.000	(6) Receitas de Aluguéis	500
(8) Impostos e Contr.	12.000	(10) Receitas de Serviços	54.000
(9) Impostos e Contr.	1.900	(11) Receitas de Serviços	15.000
(12) Seguros	1.220		
Soma	50.120	Soma	75.000
		Saldo	24.880

Analisando os dois resultados apurados, você poderá notar como o regime contábil influencia no Resultado do Exercício. No exemplo em foco, o resultado apurado pelo regime de competência apresentou lucro maior que o apurado pelo regime de Caixa. É evidente que isso não corresponde à regra geral: dependendo das operações, o resultado poderá ser maior ou menor, independentemente do regime utilizado.

Atividades Práticas

Eventos ocorridos na empresa de prestação de serviços Disque Reparos, durante o mês de dezembro de X1:

1. Constituição do Capital, com realização em dinheiro, no dia 5 de dezembro de X1, no valor de $ 10.000.
2. Compra, à vista, conforme NF nº 10, da Comercial Fuerza Ltda., no valor de $ 3.000, referente a ferramentas para utilização na prestação de serviços.
3. Serviços prestados, à vista, conforme nossas Notas Fiscais nºˢ 1 a 5, no valor de $ 1.200.
4. Prestação de serviços ao sr. Fred Novaes, conforme NF nº 6, no valor de $ 1.000, com emissão de Duplicata para vencimento em 30 dias.
5. Pagamento, em dinheiro, da Nota Fiscal nº 4.231, referente ao consumo de energia elétrica ocorrido no mês – $ 50.
6. O aluguel do imóvel onde a empresa está instalada, no valor de $ 250, referente ao mês de dezembro de X1, será pago no dia 10 de janeiro de X2.
7. Recebimento, da sra. Gabriella Pinheiros, da importância de $ 400, referente a Receitas de Serviços, cujos serviços serão prestados na residência da cliente, no dia 12 de janeiro de X2.

Com base no exemplo de Apuração do Resultado do Exercício apresentado nesta seção e usando Razonete apenas para a conta Resultado do Exercício, apure o Resultado do Exercício adotando, em primeiro lugar, o Regime de Caixa e, em seguida, o Regime de Competência.

Atividades Teóricas

1. **Responda:**
    1.1 O que é regime contábil?
    1.2 Em que momento as empresas em geral devem apurar seus resultados e elaborar suas Demonstrações Contábeis?
    1.3 Como é que se apura o resultado de um exercício social?
    1.4 Adotando-se o regime contábil de competência, por que é necessário efetuar ajustes em saldos de contas?
    1.5 O que significa despesa incorrida em determinado exercício?
    1.6 O que significa despesa gerada em um exercício?
    1.7 O que significa receita realizada em determinado exercício?
    1.8 O que significa receita gerada em determinado exercício?
    1.9 O que determina quais despesas e quais receitas deverão ser consideradas na Apuração do Resultado do Exercício social?
    1.10 Segundo as normas internacionais de Contabilidade, as empresas devem apurar seus resultados com fundamento em que regime contábil?

1.11 Em que consiste o regime de competência?

1.12 Por que as empresas devem adotar o regime de competência?

1.13 O que você entende por despesas incorridas e não pagas? Cite dois exemplos.

1.14 O que você entende por despesas pagas antecipadamente? Cite dois exemplos.

1.15 Quando a empresa contabiliza as compras de materiais de consumo em contas de estoque, em que ocasião ela deverá considerar tais compras como despesas?

1.16 No regime de competência, por que devem ser efetuados ajustes nos saldos de contas de receitas?

1.17 Em que consiste o regime de caixa?

1.18 Para o regime de caixa, qual é o fator determinante para que despesas sejam incluídas na Apuração do Resultado de um Exercício?

2. **Classifique as afirmativas em falsas (F) ou verdadeiras (V):**

2.1 ( ) O período contábil de um ano é também denominado exercício social.

2.2 ( ) No regime de competência, o ajuste no saldo de uma conta de despesa paga no exercício anterior, porém, pertencente ao exercício atual, é feito mediante débito na conta de despesa e crédito na conta patrimonial respectiva.

2.3 ( ) No regime de competência, o ajuste no saldo de uma conta de receita recebida no exercício anterior, porém, pertencente ao atual é feito mediante débito na conta de receita e crédito na conta patrimonial respectiva.

2.4 ( ) No regime de competência, o ajuste para apropriar uma despesa incorrida que será paga somente no exercício seguinte é feito mediante débito na conta de despesa e crédito na conta patrimonial respectiva.

2.5 ( ) No regime de competência, uma receita pertencente ao exercício seguinte e recebida no exercício atual deverá ser contabilizada mediante débito e crédito em contas patrimoniais.

2.6 ( ) No regime de competência, uma receita pertencente ao exercício seguinte e recebida no exercício atual deverá ser contabilizada mediante débito e crédito em contas de resultado.

2.7 ( ) Existem dois regimes contábeis: de caixa e de competência.

2.8 ( ) O Fato gerador da despesa, em geral, é o consumo de bens e a utilização de serviços.

2.9 ( ) O Fato gerador da receita, em geral, é a venda de bens e a prestação de serviços.

2.10 ( ) Despesa incorrida é o mesmo que despesa gerada ou ocorrida em determinado exercício.

2.11 ( ) Receita realizada é o mesmo que receita gerada ou ocorrida durante determinado exercício.

2.12 ( ) Para apropriação das receitas ganhas e ainda não recebidas, debita-se uma conta do Ativo que represente o referido direito e credita-se uma conta que represente a receita respectiva.

2.13 ( ) No regime de competência, as despesas serão consideradas no exercício em que forem pagas, ainda que seus Fatos geradores tenham ocorrido no exercício anterior ou que ainda venham a ocorrer no exercício seguinte.

2.14 ( ) É correto afirmar que as entidades com fins lucrativos são obrigadas a apurar seus resultados fundamentadas no regime de competência e que o regime de caixa é de uso restrito das entidades sem fins lucrativos.

3. Escolha a alternativa correta:

3.1 No regime de competência, integrarão o resultado do exercício:
- **a)** Todas as despesas incorridas durante o respectivo exercício, tenham ou não sido pagas.
- **b)** Todas as receitas realizadas durante o respectivo exercício, tenham ou não sido recebidas.
- **c)** Todas as despesas geradas no respectivo exercício.
- **d)** Todas as receitas geradas no respectivo exercício.
- **e)** Todas as alternativas estão corretas.

3.2 No regime de competência, não integrarão o resultado:
- **a)** As despesas pagas antecipadamente no respectivo exercício.
- **b)** As receitas recebidas antecipadamente no respectivo exercício.
- **c)** As despesas geradas e não pagas durante o respectivo exercício.
- **d)** As receitas recebidas, porém, não realizadas durante o respectivo exercício.
- **e)** Somente a alternativa "c" está incorreta.

3.3 Despesa gerada é o mesmo que:
- **a)** Despesa incorrida.
- **b)** Despesa antecipada.
- **c)** Despesa diferida.
- **d)** Despesa paga antecipadamente.
- **e)** Todas as alternativas estão corretas.

3.4 Receita gerada é aquela:
- **a)** cujo Fato gerador já ocorreu.
- **b)** cujo Fato gerador ainda não ocorreu.
- **c)** cujo pagamento será obrigatoriamente diferido.
- **d)** cujo saldo não pode estar compondo saldo de conta patrimonial.
- **e)** Nenhuma das alternativas anteriores.

3.5 No regime contábil de competência, o que determina a inclusão ou não da despesa e da receita no resultado de um período é:
- **a)** seu pagamento ou recebimento.
- **b)** a data da ocorrência de seus Fatos geradores.
- **c)** o ajuste contábil exigido pelas normas internacionais.
- **d)** a vontade do contabilista.
- **e)** Nenhuma das alternativas anteriores.

3.6 Os lançamentos de ajustes em contas de despesas e de receitas visando à Apuração do Resultado do período pelas empresas que adotam o regime contábil de competência devem ser efetuados:
- **a)** No final de cada mês.
- **b)** No final de cada trimestre.

Noções de Contabilidade Comercial

c) No final de cada semestre.

d) No final de cada ano.

e) Todas estão corretas, desde que observado o prazo em que a empresa esteja obrigada a apurar seus resultados.

3.7 No Livro Diário de determinada empresa comercial consta o seguinte lançamento:

Aluguéis Passivos

a Caixa

      Pagamento do aluguel de março,

   conf. recibo.   10.000

_____   _____

O registro contábil supra está:

a) Correto, se a empresa adotar o regime de competência com apuração mensal.

b) Incorreto, se a empresa adotar o regime de caixa.

c) Correto, se a empresa adotar o regime de competência com apuração anual.

d) Incorreto, se a empesa adotar o regime de competência com apuração anual.

e) Nenhuma das alternativas anteriores.

3.8 Com relação à contabilização das compras de materiais de consumo, em cumprimento ao regime contábil de competência, é correto afirmar que:

a) Devem ser contabilizados a débito de contas de despesas quando são adquiridos, independentemente do montante e do valor.

b) Devem ser contabilizados a débito de contas representativas de estoques, independentemente do montante e valor.

c) A contabilização em conta de despesa ou de estoque dependerá do montante adquirido, bem como do sistema adotado pela empresa para Apuração de Resultados.

d) Obrigatoriamente serão contabilizados em contas do Ativo.

e) Todas as alternativas estão incorretas.

3.9 As datas das ocorrências dos Fatos geradores das despesas e das receitas já pagas e recebidas são:

a) irrelevantes, quando se adota o regime de competência.

b) irrelevantes, quando se adota o regime de caixa.

c) necessárias, para que tais receitas e despesas possam ser contabilizadas.

d) As alternativas "a" e "c" estão corretas.

e) Nenhuma das alternativas anteriores.

CAPÍTULO

5 ▶

RESULTADO DO EXERCÍCIO

5.1 Introdução

Você já aprendeu que, no final de cada exercício social, o qual normalmente coincide com o final de cada ano civil, o setor de Contabilidade da empresa realiza uma série de procedimentos visando à Apuração do Resultado do Exercício.

Você já aprendeu também que esses procedimentos revelam se no período a empresa apresentou Lucro ou Prejuízo em suas operações.

Você já sabe, portanto, que, para apurar o resultado do exercício, o primeiro procedimento é o levantamento de um Balancete de Verificação, composto por todas as contas utilizadas durante o ano, com seus respectivos saldos extraídos do Livro Razão.

De posse do Balancete de Verificação, os procedimentos que visam à Apuração do Resultado do Exercício envolvem levantamentos físicos (Inventários de Mercadorias, de materiais e de documentos), Apuração do Resultado Bruto (conta Mercadorias), Apuração do Resultado Líquido (cálculos e contabilizações de depreciações, amortizações, perdas estimadas em créditos de liquidação duvidosa, ajustes em contas de despesas e de receitas em decorrência da aplicação do regime de competência, cálculos e contabilizações das deduções, participações e destinações do Resultado do Exercício, concluindo com a elaboração das Demonstrações Contábeis).

Parte desses procedimentos você já aprendeu. Neste capítulo, você aprenderá como se apura o resultado líquido do exercício e o que fazer com ele, ou seja, como calcular e contabilizar as deduções, as participações e as destinações que devem ser dadas ao resultado apurado.

5.2 Resultado Líquido

5.2.1 Conceito

O resultado líquido, em uma empresa comercial, corresponde ao resultado bruto (lucro ou prejuízo sobre as vendas de Mercadorias) adicionado ou subtraído das despesas e das receitas que não foram utilizadas na Apuração do Resultado Bruto.

Portanto, para apurar o Resultado Líquido do Exercício, será preciso transferir, para a conta Resultado do Exercício, o saldo da conta que representa o resultado bruto (Lucro sobre Vendas ou Prejuízo sobre Vendas), bem como todos os saldos das contas de despesas e de receitas.

O passo seguinte será apurar, no Livro Razão ou no Razonete, o saldo da conta Resultado do Exercício. Se for devedor, corresponderá a prejuízo; se credor, corresponderá a lucro líquido.

EXEMPLO PRÁTICO

Vamos supor que, depois de efetuadas a apuração e a contabilização do resultado bruto e de feitos os ajustes nas contas de despesas e de receitas em decorrência do regime de competência, os saldos das contas de resultado da Comercial Maceió S/A, constantes do Livro Razão, sejam os seguintes:

• Lucros sobre Vendas	275.000
• Salários	20.000
• Encargos Sociais	10.000

Noções de Contabilidade Comercial

EXEMPLO PRÁTICO

- Fretes e Carretos   14.000
- Aluguéis Passivos   50.000
- Juros Ativos   25.000
- Depreciação   2.000
- Amortização   1.000
- Despesas com Perdas Est. em Créd. Líq. Duv.   3.000

Para apurar o resultado do exercício, faremos a seguinte contabilização no Diário:

(1) Resultado do Exercício
    a Diversos
        Transferências dos saldos das
      seguintes contas de despesas, para
      Apuração do Resultado do Exercício:
    a Salários
      Saldo desta conta.   20.000
    a Encargos Sociais
      Idem.   10.000
    a Fretes e Carretos
      Idem.   14.000
    a Aluguéis Passivos
      Idem.   50.000
    a Depreciação
      Idem.   2.000
    a Amortização
      Idem.   1.000
    a Despesas com Perdas Est. em Créd. Líq. Duv.
      Idem.   3.000   100.000
    ———————   ———————

(2) Diversos
    a Resultado do Exercício
        Transferências dos saldos das contas
      de receitas para Apuração do Resultado
      do Exercício:
    Lucro sobre Vendas
      Saldo desta conta.   275.000
    Juros Ativos
      Idem.   25.000   300.000
    ———————   ———————

EXEMPLO PRÁTICO

Veja, a seguir, a posição da conta Resultado do Exercício depois de efetuados esses dois lançamentos:

RESULTADO DO EXERCÍCIO			
(1)	100.000	(2)	300.000
		Saldo	200.000

Como o saldo é credor de $ 200.000, a empresa comercial obteve lucro líquido no respectivo exercício.

5.2.2 Deduções, Participações e Destinações do Resultado do Exercício

5.2.2.1 *Introdução*

No Capítulo 8 do livro **Noções de Contabilidade**, com o objetivo de evidenciar a repercussão do lucro líquido do exercício no Balanço Patrimonial, orientamos para que ele fosse transferido para uma conta do Patrimônio Líquido, denominada Lucros Acumulados.

Pois bem, ocorre que, antes de transferir o saldo da conta Resultado do Exercício para a conta Lucros Acumulados, é preciso calcular e contabilizar as deduções e as participações do resultado do exercício.

- Quando falamos em deduções, participações e destinações do Resultado do Exercício, estamos nos referindo às deduções, participações e destinações do lucro líquido do exercício. Ocorre que, caso a conta Resultado do Exercício, antes da tributação, apresente saldo devedor (prejuízo), não haverá dedução, participação nem destinação alguma. Portanto, é importante destacar que o Resultado do Exercício antes da tributação, quando positivo, corresponde a lucro líquido do exercício. Esses esclarecimentos são necessários porque no Brasil, por influência da **Lei das Sociedades por Ações** (nº 6.404/1976), ficou convencionado que a denominação "Lucro Líquido do Exercício" deve ser atribuída ao saldo credor da conta Resultado do Exercício somente após as contabilizações das deduções e das participações.

5.2.2.2 *Deduções*

As deduções do resultado do exercício são duas: tributos e prejuízos acumulados.

No Brasil, as empresas em geral devem recolher aos cofres públicos o Imposto de Renda e a Contribuição Social. Esses dois tributos são calculados com base no lucro líquido apurado pelas empresas.

É evidente que a legislação de cada país poderá determinar a quantidade de tributos, as bases para cálculo, bem como as alíquotas a serem aplicadas.

Você precisa saber que as empresas do mundo todo apuram seus resultados com base nas normas contábeis.

No início deste terceiro milênio, entre 2005 e 2010, quase todos os países do mundo passaram a adotar as normas internacionais de Contabilidade *International Financial Reporting Standards* (IFRS – Padrões de Relatórios Financeiros Internacionais), emitidas pelo International Accounting Standards Board (IASB), com sede em Londres, na Inglaterra. Esse organismo internacional é composto por membros de todos os países que adotam as normas internacionais de Contabilidade IFRS.

Assim, as empresas procedem aos registros dos Atos e dos Fatos administrativos responsáveis pela movimentação do patrimônio fundamentadas nas normas contábeis.

No final de cada exercício social, o resultado apurado pela movimentação do patrimônio poderá corresponder a lucro ou a prejuízo. Será lucro quando o montante das receitas realizadas durante o exercício superar o montante das despesas incorridas no mesmo exercício. Será prejuízo, por sua vez, quando o montante das receitas realizadas durante o exercício for inferior ao montante das despesas incorridas durante o mesmo exercício.

Quando o resultado corresponde a lucro, este é denominado lucro líquido do exercício ou de lucro contábil, pois foi obtido com fundamento nas normas de Contabilidade.

O Governo, para tributar o lucro apurado pelas empresas, poderá aceitá-lo ou não. Quando o Governo julga que, em algumas situações, a aplicação das normas contábeis gerou resultados incompatíveis com seus interesses, pode exigir que as empesas efetuem ajustes em seus resultados para chegar a uma base de cálculo de tributos que lhe agrade. Dessa forma, em cada país o Governo agirá de acordo com seus interesses.

No Brasil, por exemplo, no início deste terceiro milênio, conforme já dissemos, o Governo exigia dois tributos com base nos lucros apurados pelas empresas: Imposto de Renda e Contribuição Social. Contudo, as bases para cálculos desses dois tributos é o lucro líquido contábil, porém, ajustado de acordo com as determinações do fisco.

Para fins de chegar extracontabilmente à base de cálculo dos tributos incidentes sobre o lucro líquido, o Governo pode não concordar com algumas despesas que a empresa contabilizou, pela aplicação das normas contábeis, e exigir que sejam excluídas do resultado. Poderá, ainda, permitir a inclusão de despesas não contempladas pelas normas contábeis, mas aceitas pelo fisco.

Da mesma forma, o Governo poderá não tributar algumas receitas contabilizadas pela empresa com base nas normas contábeis e permitir que sejam excluídas do resultado ou poderá, ainda, exigir que algumas receitas que não foram contabilizadas pela aplicação das normas contábeis sejam incluídas no resultado para fins de tributação.

Assim, para chegar a uma base de cálculo de tributos que seja compatível com os interesses do Governo, o resultado do exercício, seja lucro ou prejuízo, apurado com fundamento nas normas contábeis, precisa ser ajustado.

No Brasil, esses ajustes, devidamente previstos na legislação tributária, devem, por força dessa mesma legislação, ser efetuados em um livro fiscal denominado Livro Eletrônico de Escrituração e Apuração do Imposto sobre a Renda e da Contribuição Social sobre o Lucro Líquido da Pessoa Jurídica Tributada pelo Lucro Real (e-Lalur).

Diante do exposto, é fácil entender que o contabilista de cada país deverá consultar a legislação própria para calcular e contabilizar os tributos incidentes sobre o lucro líquido apurado no final de cada exercício social, conforme for a exigência do poder público local.

EXEMPLO PRÁTICO

Dando sequência ao exemplo prático desenvolvido na Seção 5.2.1, em que a Comercial Maceió S/A apurou lucro líquido de $ 200.000, e considerando que:

a) haja apenas um tributo exigido pelo Governo, denominado Imposto de Renda;
b) a alíquota seja de 15% sobre o lucro líquido;
c) não haja, segundo a legislação tributária do país, nenhum ajuste para se chegar à base de cálculo desse tributo.

Faremos: 15% de $ 200.000 = $ 30.000

Contabilização:

(3) Resultado do Exercício
   a Tributos sobre o Lucro Líquido a Recolher
       Tributo incidente sobre o lucro
       líquido, conforme cálculos etc.   30.000

Observações

▸ A conta Resultado do Exercício, ao ser debitada, ficou com seu saldo diminuído em $ 30.000.
▸ A conta Tributos sobre o Lucro Líquido a Recolher, que é do Passivo Circulante, ao ser creditada, indica que a empresa terá de recolher ao Governo o montante de $ 30.000.
▸ Para saber a data em que a empresa deverá recolher ao Governo o valor dos tributos incidentes sobre o lucro líquido, é preciso consultar a legislação própria.
▸ É importante destacar, ainda, que no presente exemplo creditamos o valor do tributo na conta sintética Tributos sobre o Lucro Líquido a Recolher. Contudo, poderíamos utilizar uma conta com o nome do tributo ou várias contas, quando houver vários tributos.

Finalmente, você precisa saber que, se houver no grupo do Patrimônio Líquido saldo devedor na conta Prejuízos Acumulados, e permanecendo saldo credor na conta Resultado do Exercício após deduzidos os tributos incidentes sobre o lucro líquido, esse prejuízo deverá ser compensado.

A compensação será efetuada contabilmente, debitando-se a conta Resultado do Exercício e creditando-se a conta Prejuízos Acumulados.

Portanto, além dos tributos, os prejuízos acumulados também integram as deduções do lucro líquido do exercício.

Noções de Contabilidade Comercial

5.2.2.3 Participações

A legislação do país poderá determinar que parcelas do lucro líquido apurado pelas empresas sejam pagas a empregados, administradores ou a outras pessoas físicas ou jurídicas.

EXEMPLO PRÁTICO

Considerando que a Comercial Maceió S/A tenha apurado lucro líquido do exercício após a tributação no valor de $ 170.000 e que a legislação estabeleça participações a empregados à razão de 10% desse lucro, veja o cálculo e a contabilização:

10% de $ 170.000 = $ 17.000

Contabilização:

(4) Resultado do Exercício
     a Participações de Empregados a Pagar
        10% conf. dispositivo legal.   17.000
_____   _____

Observações

▸ A conta Resultado do Exercício, sendo debitada pelo valor da participação, ficou reduzida do respectivo valor.

▸ A conta Participações de Empregados a Pagar é do Passivo Circulante e, recebendo a crédito a importância de $ 17.000, figurará no Balanço Patrimonial indicando o compromisso da empresa para com seus empregados.

5.2.2.4 Destino do saldo da conta Resultado do Exercício

Veja o Razonete da conta Resultado do Exercício da Comercial Maceió S/A, após os quatro lançamentos apresentados até aqui:

RESULTADO DO EXERCÍCIO			
(1)	100.000	(2)	300.000
(3)	30.000	Saldo	200.000
(4)	17.000	Saldo	170.000
		Saldo	153.000

Pois bem, agora, chegou o momento de transferir o saldo da conta Resultado do Exercício para uma conta do grupo do Patrimônio Líquido, conforme fizemos no Capítulo 9 do volume 1 desta série, lembra-se?

Podemos, então, transferir o saldo da conta Resultado do Exercício para a conta Lucros Acumulados (quando esse saldo for credor) ou para a conta Prejuízos Acumulados (quando esse saldo for devedor).

Capítulo 5 · Resultado do Exercício

Esse procedimento está correto e você já aprendeu. Contudo, a empresa poderá optar por transferir o saldo da conta Resultado do Exercício, seja devedor ou credor, para a conta Lucros ou Prejuízos Acumulados, em vez de transferir para aquelas duas que você já conhece.

A conta Lucros ou Prejuízos Acumulados, que também é do Patrimônio Líquido, funciona como conta bilateral, isto é, serve para registrar o lucro ou o prejuízo do exercício.

Conforme já comentamos na Seção 2.6 do Capítulo 2 do volume 1 desta série, a conta Lucros ou Prejuízos Acumulados figura no Balanço Patrimonial como conta principal (sintética), tendo como subcontas (analíticas) as contas Lucros Acumulados e Prejuízos Acumulados.

Você pode optar por utilizar a conta sintética, abandonando as analíticas, ou utilizar as analíticas.

Como você já conhece o uso das contas analíticas, veja, agora, os procedimentos quando a opção for pela conta sintética:

a) **Prejuízo:** se o resultado do exercício corresponder a prejuízo (saldo devedor), bastará debitar a conta Lucros ou Prejuízos Acumulados e creditar a conta Resultado do Exercício.

Com esse procedimento, a conta Resultado do Exercício ficará com saldo igual a zero e o prejuízo apurado ficará devidamente registrado na conta própria do grupo do Patrimônio Líquido. Essa conta figurará no Balanço com sinal negativo, como conta redutora do grupo do Patrimônio Líquido.

É evidente que esse prejuízo poderá ser assumido pelos sócios, compensado com saldo de reservas etc. Entretanto, como regra geral, inicialmente, o prejuízo será transferido para a conta citada.

b) **Lucro:** se o Resultado do Exercício for lucro (saldo credor), bastará debitar a conta Resultado do Exercício e creditar a conta Lucros ou Prejuízos Acumulados.

Com esse procedimento, a conta Resultado do Exercício ficará com saldo igual a zero e o lucro apurado ficará devidamente registrado na conta própria do grupo do Patrimônio Líquido. Portanto, a conta Lucros ou Prejuízos Acumulados tem por finalidade receber a débito o prejuízo ou a crédito o Lucro Líquido apurado no Exercício e dar a ele as devidas destinações. Essa conta servirá também como contrapartida das reversões de reservas de Lucros, bem como dos ajustes de exercícios anteriores.

Na seção a seguir, estudaremos as destinações que devem ser dadas ao lucro líquido do exercício.

Antes, porém, conforme dissemos, vamos transferir o saldo credor da conta Resultado do Exercício da Comercial Maceió S/A para a conta Lucros ou Prejuízos Acumulados. Veja:

(5) Resultado do Exercício
    a Lucros ou Prejuízos Acumulados
      Transferência que se processa do
    saldo da primeira para a segunda das
    contas supra, referente ao lucro líquido
    do exercício após as deduções e participações.   153.000

Noções de Contabilidade Comercial

> **Observações**
>
> ▸ Observe que a conta Resultado do Exercício, sendo debitada por $ 153.000, ficou com saldo igual a zero, encerrando-se.
> ▸ Observe que o lucro líquido do exercício, após as deduções e participações, foi transferido para a conta Lucros ou Prejuízos Acumulados, que é do Patrimônio Líquido. A partir dessa conta é que serão realizadas as destinações do resultado do exercício.

Veja a posição das contas envolvidas no lançamento supra, em seus respectivos Razonetes:

RESULTADO DO EXERCÍCIO			
(1)	100.000	(2)	300.000
(3)	30.000	Saldo	200.000
(4)	17.000	Saldo	170.000
(5)	153.000	Saldo	153.000

LUCROS OU PREJUÍZOS ACUMULADOS		
	(5)	153.000

5.2.2.5 *Destinações do Lucro Líquido do Exercício*

A parcela do lucro líquido do exercício que remanescer após os tributos, a compensação de prejuízos acumulados (se houver) e as participações (se houver), poderá ser utilizada para aumento de capital, constituição de reservas, distribuição ao titular ou aos sócios ou ainda permanecer no Patrimônio Líquido para futuras destinações.

Como o aumento de capital é raro e a permanência de saldo no Patrimônio Líquido para futuras destinações só é permitida para empresas que não sejam revestidas da forma jurídica de sociedades por ações, restam então duas destinações consideradas como comuns: reservas e distribuição ao proprietário ou sócios.

5.2.2.6 *Reservas de Lucros*

Reservas de Lucros são parcelas extraídas do Lucro Líquido apurado pelas empresas, no final de cada exercício social. Elas podem ser constituídas por força de leis ou por decisão dos proprietários ou acionistas.

As reservas de lucros podem destinar-se a manter a integridade do capital social ou a outro fim conforme decisão dos proprietários ou sócios.

Para se contabilizar a constituição das reservas de lucros, basta debitar a conta Lucros ou Prejuízos Acumulados e creditar a conta que represente a reserva que está sendo criada.

EXEMPLO PRÁTICO

Vamos assumir que a empresa Comercial Maceió S/A, que apurou lucro líquido de $ 153.000, tenha decidido constituir uma reserva para investimentos, no valor de $ 33.000. Veja como ficará o registro contábil:

(6) Lucros ou Prejuízos Acumulados
    a Reserva para Investimentos
        Reserva que se constitui, conforme
        decisão dos acionistas etc.   33.000

Observações

- Com a constituição da reserva, a conta Lucros ou Prejuízos Acumulados ficou com saldo de $ 120.000.
- Com o crédito de $ 33.000 na conta Reservas para Investimentos, essa importância permanecerá integrando o capital de giro da empresa.
- Observe, finalmente que a conta Reservas para Investimentos, figurará no Balanço Patrimonial, no grupo do Patrimônio Líquido, representando o valor do lucro que foi retido para fins de investimentos. Esse tipo de reservas permite a retenção de valores no patrimônio para a constituição de filiais, para a expansão da própria unidade da empresa etc.

- A característica comum a todas as Reservas é servir de reforço para o Capital Social, ainda que elas tenham origens e destinações diversas.

5.2.2.7 Dividendos

Dividendos são partes do lucro líquido que a sociedade destina a seus sócios (ou acionistas). Os dividendos são pagos aos sócios como remuneração da parcela do capital que cada um investiu na empresa.

    A distribuição de dividendos poderá ser exigência de legislações próprias de cada país ou corresponder a parcelas do lucro distribuídas por decisão dos próprios sócios.

    Quando se tratar de empresa individual, é o próprio titular quem decide sobre o montante que retirará do lucro como remuneração do capital que investiu na empresa.

EXEMPLO PRÁTICO

Considerando que o lucro líquido do exercício, após a constituição da reserva para investimentos da Comercial Maceió S/A tenha sido igual a $ 120.000 e que os acionistas tenham decidido em assembleia pela distribuição desse saldo total, veja como ficará o registro contábil:

(7) Lucros ou Prejuízos Acumulados
    a Dividendos a Pagar
            Dividendos distribuídos etc.   120.000

Observações

▸ Observe que com o débito de $ 120.000 na conta Lucros ou Prejuízos Acumulados, esta conta ficou com saldo igual a zero, encerrando-se.

▸ Observe também que a conta Dividendos a Pagar foi creditada por $ 120.000. Essa conta é do passivo Circulante e representará, no Balanço Patrimonial, o montante que a empresa terá de pagar aos seus sócios como remuneração dos valores investidos por eles no capital da sociedade.

Veja, agora, a posição das contas envolvidas nos dois lançamentos de destinação do lucro líquido do exercício, em seus respectivos Razonetes:

LUCROS OU PREJUÍZOS ACUMULADOS			
(6)	33.000	(5)	153.000
(7)	120.000		
Soma	153.000		

RESERVA PARA INVESTIMENTOS		DIVIDENDOS A PAGAR	
(6)	33.000	(7)	120.000

Com a contabilização dos Dividendos, estão encerrados todos os procedimentos necessários à apuração, bem como aos cálculos e às contabilizações das Deduções, participações e destinações do Resultado do Exercício.

Neste momento, no Livro Razão, somente as contas patrimoniais permanecem com saldos. Portanto, para facilitar a elaboração do Balanço Patrimonial, pode-se levantar o segundo Balancete de Verificação, o qual conterá apenas as contas patrimoniais.

Resta, agora, a elaboração das Demonstrações Contábeis, que poderão ser estudadas no livro *Noções de Demonstrações Contábeis*, volume 4 desta série que será lançado em breve.

Capítulo 5 · Resultado do Exercício

> **nota**
> - Quando a empresa decide aumentar o capital com parte do lucro líquido apurado no final de um exercício social, a contabilização é simples: basta debitar a conta Lucros ou Prejuízos Acumulados e creditar a conta Capital. Entretanto, por se tratar de aumento de capital, será preciso atender as exigências contidas na legislação pertinente bem como àquelas derivadas dos órgãos públicos nos quais a empresa deve estar sujeita ao registro de seus atos constitutivos.

Atividades Práticas

Prática 1 – solucionada

Relação das contas extraídas do Livro Razão da empresa comercial J. Bongiovanni S. A., em 31 de dezembro de X1:

1.	Caixa	2.800
2.	Móveis e Utensílios	3.000
3.	Computadores	600
4.	Estoque de Mercadorias	4.100
5.	Duplicatas a Receber	900
6.	Imóveis	5.000
7.	Compras de Mercadorias	3.600
8.	Vendas de Mercadorias	7.300
9.	Duplicatas a Pagar	1.100
10.	Aluguéis Ativos	900
11.	Honorários da Diretoria	500
12.	Salários	1.000
13.	Encargos Sociais	400
14.	Juros Ativos	800
15.	Tributos sobre Vendas	1.980
16.	Salários a Pagar	100
17.	Encargos Sociais a Recolher	40
18.	Tributos a Recolher	140
19.	Capital	11.000
20.	Reservas para Investimentos	2.000
21.	Depreciação Acumulada de Móveis e Utensílios	300
22.	Depreciação Acumulada de Imóveis	200
23.	TOTAL	47.760

Roteiro e instruções para Apuração do Resultado do Exercício

1. Razonetes

   Transcreva em Razonetes todas as contas constantes da relação supra, com seus respectivos saldos, separando as contas Patrimoniais das contas de Resultado.

2. Resultado Bruto

   Apure extracontabilmente e contabilize o Resultado Bruto do Exercício, sabendo que o estoque final de Mercadorias, conforme inventário realizado, é de $ 4.500.

3. Ajustes para Apuração do Resultado Líquido

   3.1 Deprecie a conta Móveis e Utensílios pela taxa de 10% a.a.

   3.2 Deprecie a conta computadores pela taxa de 20% a.a. (foram adquiridos e colocados em uso no dia 25 de setembro do exercício atual).

   3.3 Deprecie a conta Imóveis pela taxa de 4% a.a.

   3.4 Reconheça perdas em créditos de liquidação duvidosa pela taxa de 4%.

4. Resultado Líquido do Exercício

   Transfira, contabilmente, todos os saldos das contas de despesas e de receitas para a conta Resultado do Exercício, apurando seu respectivo saldo. Se o saldo da conta Resultado do Exercício for devedor, transfira-o para a conta Lucros ou Prejuízos Acumulados. Sendo o saldo credor, proceda conforme item a seguir.

5. Deduções do Resultado do Exercício

   Calcule e contabilize:

   5.1 Tributos sobre o lucro líquido pela taxa de 35%.

   5.2 Transfira o saldo remanescente da conta Resultado do Exercício para a conta Lucros ou prejuízos Acumulados.

6. Destinações do Lucro Líquido do Exercício

   Calcule e contabilize:

   6.1 10% para Reserva para Investimentos.

   6.2 Distribuir aos acionistas o saldo do lucro líquido que remanescer após a constituição da reserva para investimentos.

7. Levantar o segundo Balancete de Verificação do Razão.

Solução

(Para sua conferência, somente lançamentos de Diário)

```
(1) CMV
    a Diversos
          Transferência dos saldos p/ Apuração
        do Resultado Bruto:
    a Compras de Mercadorias
          Saldo desta conta.                     3.600
    a Estoque de Mercadorias
          Idem.                                   4.100        7.700
    _____  _____
```

(2) Estoque de Mercadorias
a CMV

    Estoque final conf. Inventário.   4.500

_____   _____

(3) Vendas de Mercadorias
a RCM

    Transferência do saldo da 1ª p/ 2ª
    p/ Apuração do Resultado Bruto.   7.300

_____   _____

(4) RCM
a Diversos

    Transf. dos saldos p/ Apuração do
    Resultado Bruto
a Tributos sobre Vendas

    Saldo desta conta.   1.980
a CMV

    Idem.   3.200   5.180

_____   _____

(5) RCM
a Lucro sobre Vendas

    Lucro bruto apurado.   2.120

_____   _____

(6) Depreciação
a Depreciação Acumulada de Móveis
  e Utensílios

    10% conf. cálculos.   300

_____   _____

(7) Depreciação
a Depreciação Acumulada de Computadores

    20% conf. cálculos.   40

_____   _____

(8) Depreciação
a Depreciação acumulada de Imóveis

    4% conf. cálculos.   200

_____   _____

(9)	Despesas com Perdas Estimadas	
	a Perdas Est. em Créd. Líq. Duv.	
	4% sobre Dupl. a receber.	36

(10)	Resultado do Exercício		
	a Diversos		
	Transf. dos saldos p/ Apuração do		
	Resultado Líquido:		
	a Honorários da Diretoria		
	Saldo desta conta.	500	
	a Salários		
	Idem.	1.000	
	a Encargos Sociais		
	Idem.	400	
	a Depreciação		
	Idem.	540	
	a Despesas com Perdas Estimadas		
	Idem.	36	2.476

(11)	Diversos		
	a Resultado do Exercício		
	Transf. dos saldos p/ Apuração do		
	Resultado Líquido		
	Aluguéis Ativos		
	Saldo desta conta.	900	
	Juros Ativos		
	Idem.	800	
	Lucros sobre Vendas		
	Idem.	2.120	3.820

(12)	Resultado do Exercício	
	a Tributos sobre o Lucro Líquido a Recolher	
	35% conf. cálculos.	470

(13)	Resultado do Exercício	
	a Lucros ou Prejuízos Acumulados	
	Lucro líquido apurado.	874

Capítulo 5 • Resultado do Exercício

(14) Lucros ou Prejuízos Acumulados
     a Diversos
          Destinações do lucro líquido
     a Reserva para Investimentos
          10% conf. cálculos.   87
     a Dividendos a Pagar
          Conf. cálculos.   787   874
     _____ _____

Segundo Balancete de Verificação

Nº	CONTAS	SALDO	
		DEVEDOR	CREDOR
01	Caixa	2.800	
02	Móveis e Utensílios	3.000	
03	Computadores	600	
04	Estoque de Mercadorias	4.500	
05	Duplicatas a Receber	900	
06	Imóveis	5.000	
07	Duplicatas a Pagar		1.100
08	Salários a Pagar		100
09	Encargos Sociais a Recolher		40
10	Tributos a Recolher		140
11	Capital		11.000
12	Depreciação Acum. Móv. Utensílios		600
13	Depreciação Acum. Imóveis		400
14	Depreciação Acum. Computadores		40
15	Perdas Est. em Créd. Líq. Duv.		36
16	Tributos s/ Lucro Líquido a Recolher		470
17	Reserva p/ Investimentos		2.087
18	Dividendos a Pagar		787
	Totais	16.800	16.800

Prática 2

Relação das contas extraídas do Livro Razão da empresa Cecília & Filhos Ltda., em 31 de dezembro de X1:

1. Caixa   20.000
2. Duplicatas a Receber   1.000

3. Estoque de Mercadorias	50.000
4. Móveis e Utensílios	10.000
5. Depreciação Acumulada	4.000
6. Duplicatas a Pagar	6.000
7. Capital	66.000
8. Compras de Mercadorias	100.000
9. Vendas de Mercadorias	200.000
10. Aluguéis Passivos	25.000
11. Impostos e Taxas	60.000
12. Juros Passivos	10.000
TOTAL	552.000

Roteiro e instruções para Apuração do Resultado do Exercício

1. **Razonetes**

   Transcreva em Razonetes todas as contas, com seus respectivos saldos, separando as Contas Patrimoniais das de Resultado.

2. **Resultado Bruto**

   2.1 Calcule, extracontabilmente, o Custo das Mercadorias Vendidas, aplicando a fórmula do CMV, sabendo que o Estoque Final de Mercadorias, conforme Inventário, é de $ 40.000.

   2.2 Contabilize o Custo das Mercadorias Vendidas. Apure o saldo dessa conta no respectivo Razonete.

   2.3 Calcule, extracontabilmente, o Resultado da Conta Mercadorias, aplicando a fórmula do RCM.

   2.4 Contabilize o Resultado da conta Mercadorias. Apure o saldo dessa conta no respectivo Razonete: se credor, transfira-o para a conta Lucro sobre Vendas; se devedor, transfira-o para a conta Prejuízo sobre Vendas.

3. **Ajustes para Apuração do Resultado Líquido**

   3.1 Deprecie a conta Móveis e Utensílios pela taxa de 10% a.a.

   3.2 As perdas com Duplicatas a Receber foram estimadas em 2%.

   Calcular e contabilizar.

4. **Resultado Líquido do Exercício**

   4.1 Transfira, contabilmente, todos os saldos das contas de Despesas para a conta Resultado do Exercício.

   4.2 Transfira, contabilmente, o saldo da conta de Receita para a conta Resultado do Exercício.

   4.3 Apure, no respectivo Razonete, o saldo da conta Resultado do Exercício.

5. **Deduções do Resultado do Exercício**

   5.1 Calcule e contabilize a Contribuição Social sobre o Lucro Líquido, pela taxa de 10%.

   5.2 Calcule e contabilize o Imposto de Renda sobre o lucro líquido pela taxa de 15%.

   5.3 Transfira o saldo da conta Resultado do Exercício para a conta Lucros ou Prejuízos Acumulados.

6. Destinações do Resultado do Exercício.

Calcule e contabilize as seguintes destinações:

6.1 10% para Reservas para Investimentos.

6.2 Distribuir aos acionistas o saldo que remanescer depois de deduzida a parcela destinada à Reserva para Investimentos.

Elabore o segundo Balancete de Verificação do Razão.

Prática 3

Relação das contas extraídas do Livro Razão da empresa Juice Comércio de Frutas S/A, em 31 de dezembro de X1:

1. Bancos conta Movimento	3.200
2. Móveis e Utensílios	1.100
3. Salários	800
4. Duplicatas a Receber	2.000
5. Estoque de Mercadorias	5.000
6. Duplicatas a Pagar	3.000
7. Contribuições de Previdência a Recolher	40
8. Contas a Pagar	520
9. Compras de Mercadorias	6.000
10. Vendas de Mercadorias	10.000
11. Energia Elétrica	500
12. Juros Ativos	1.100
13. Aluguéis Ativos	600
14. Impostos e Contribuições sobre Vendas	260
15. Contribuições de Previdência	300
16. Capital	3.900
TOTAL	38.320

Roteiro e instruções para Apuração do Resultado do Exercício

1. **Razonetes**

Transcreva em Razonetes todas as contas, com seus respectivos saldos, separando as Contas Patrimoniais das de Resultado.

2. **Resultado Bruto**

2.1 Calcule, extracontabilmente, o Custo das Mercadorias Vendidas, aplicando a fórmula do CMV, sabendo que o Estoque Final de Mercadorias, conforme Inventário, é de $ 8.000.

2.2 Contabilize o Custo das Mercadorias Vendidas. Apure o saldo dessa conta no respectivo Razonete.

2.3 Calcule, extracontabilmente, o Resultado da Conta Mercadorias, aplicando a fórmula do RCM.

2.4 Contabilize o Resultado da Conta Mercadorias. Apure o saldo dessa Conta no respectivo Razonete: se credor, transfira-o para a conta Lucro sobre Vendas; se devedor, transfira-o para Prejuízo sobre Vendas.

3. Ajustes para Apuração do Resultado Líquido

3.1 Deprecie a conta Móveis e Utensílios pela taxa de 10% a.a.

3.2 Observação: considere que os bens sujeitos à depreciação foram adquiridos no exercício anterior e serão depreciados pela primeira vez.

3.3 As perdas em créditos de liquidação duvidosa foram estimadas em 3% sobre o saldo de Duplicatas a Receber. Calcular e contabilizar.

4. Resultado Líquido do Exercício

4.1 Transfira, contabilmente, todos os saldos das contas de Despesas para a conta Resultado do Exercício.

4.2 Transfira, contabilmente, todos os saldos das contas de Receitas para a conta Resultado do Exercício.

4.3 Apure, no respectivo Razonete, o saldo da conta Resultado do Exercício.

5. Deduções do Resultado do Exercício

5.1 Calcule e contabilize a Contribuição Social, pela taxa de 10% e o Imposto de Renda pela taxa de 15%.

5.2 Transfira o saldo da conta Resultado do Exercício para a conta Lucros ou Prejuízos Acumulados.

6. Destinações do Lucro Líquido do Exercício

Calcule e contabilize:

6.1 5% para a Reserva Legal.

6.2 Distribuir aos acionistas o saldo do Lucro Líquido que remanescer após deduzida a parcela destinada à constituição da Reserva Legal.

7. Levante o segundo Balancete de Verificação do Razão.

Capítulo 5 • Resultado do Exercício

MENSAGEM FINAL

A proposta deste segundo volume da **Série Fundamentos de Contabilidade**, é ampliar um pouco mais os conhecimentos que você obteve quando estudou as noções de Contabilidade no volume 1.

Estudando as operações com Mercadorias, a Apuração do Resultado Bruto e do Resultado Líquido das empresas comerciais aplicando o regime contábil de competência, seu horizonte contábil ficou ampliado.

Se você solucionou sem embaraços todas as atividades teóricas e práticas propostas, está apto a avançar seus estudos e aprender com facilidade a estrutura das Demonstrações Contábeis, apresentadas no volume 3 – *Noções de Demonstrações Contábeis*.

Professor Osni Moura Ribeiro

BIBLIOGRAFIA

EISEN, P. J. **Accounting**. 3. ed. Nova York: Barron's Business, 1994.

FRANCO, H. **Contabilidade comercial**. 11. ed. São Paulo: Atlas, 1976.

_____. **Contabilidade geral**. 18. ed. São Paulo: Atlas, 1973.

GOUVEIA, N. **Contabilidade básica**. São Paulo: McGraw-Hill do Brasil, 1976.

IUDÍCIBUS, S. *et al*. **Contabilidade introdutória**. 9. ed. São Paulo: Atlas, 1998.

IUDÍCIBUS, S.; MARTINS, E.; GELBCKE, E. R. **Manual de Contabilidade Societária**. São Paulo: Atlas, 2010.

JACINTHO, R. **Biblioteca de Ciências Contábeis**: lançamentos programados. 6. ed. São Paulo: Brasiliense, 1981.

MARION, J. C.; IUDICIBUS, S. **Contabilidade comercial**. São Paulo: Atlas, 1985.

NEPOMUCENO, F. **Novo plano de contas**. São Paulo: Thomson IOB, 2003.

RIBEIRO, O. M. **Noções de Contabilidade**. v. 1. Série Fundamentos de Contabilidade. São Paulo: Érica, 2019.

WALTER, M. A. **Introdução à Contabilidade**. São Paulo: Saraiva, 1981.

ANEXO – PLANO DE CONTAS

> **nota**
>
> - No Capítulo 3 do volume 1 desta série Fundamentos de Contabilidade, para atender ao estágio dos estudos em que você se encontrava, estudamos o conceito de Plano de Contas tomando como exemplo um Elenco de Contas Simplificado. De agora em diante, para que você possa aprofundar seus estudos, vamos rever o conceito de Plano de Contas e um Elenco de Contas mais completo, com todos os grupos e subgrupos, de acordo com as exigências da Lei brasileira nº 6.404/1976 (Lei das Sociedades por Ações).

A.1 Conceito

O Plano de Contas é um conjunto de contas, diretrizes e normas que disciplina as tarefas do setor de Contabilidade, objetivando a uniformização dos registros contábeis.

Um Plano de Contas ideal poderá compor-se de três partes: Elenco de Contas; Manual de Contas e Modelos padronizados de Demonstrações Contábeis. Entretanto, de acordo com os interesses de cada empresa e da criatividade do contabilista, o Plano de Contas poderá conter outras informações.

A.2 Elenco de Contas

Consiste na relação das contas que serão utilizadas para o registro dos Fatos Administrativos decorrentes da movimentação do Patrimônio da empresa, bem como dos Atos Administrativos considerados relevantes (aqueles cujos efeitos possam acarretar modificações futuras no Patrimônio da empresa).

O Elenco de Contas envolve a intitulação (nome) e o código de cada conta.

Veja, a seguir, um Elenco de Contas no qual as contas estão classificadas em grupos e subgrupos, conforme dispõe a Lei nº 6.404/1976:

GRÁFICO I – CONTAS PATRIMONIAIS

1. ATIVO

  1.1 ATIVO CIRCULANTE

      1.1.1 DISPONIBILIDADES

          1.1.1.01 Caixa

          1.1.1.02 Bancos conta Movimento

          1.1.1.03 Aplicações de Liquidez Imediata

      1.1.2 CLIENTES[1]

          1.1.2.01 Duplicatas a Receber

          1.1.2.02 (–) Perdas Estimadas em Créditos de Liquidação Duvidosa

      1.1.3 OUTROS CRÉDITOS

          1.1.3.01 Promissórias a Receber

      1.1.4 IMPOSTOS A RECUPERAR

          1.1.4.01 ICMS a Recuperar

      1.1.5 INVESTIMENTOS TEMPORÁRIOS A CURTO PRAZO

          1.1.5.01 Ações de Outras Empresas

      1.1.6 ESTOQUES

          1.1.6.01 Estoque de Mercadorias

          1.1.6.02 Estoque de Material de Expediente

          1.1.6.03 Estoque de Material de Limpeza

      1.1.7 DESPESAS DO EXERCÍCIO SEGUINTE

          1.1.7.01 Aluguéis Passivos a Vencer

          1.1.7.02 Juros Passivos a Vencer

          1.1.7.03 Prêmios de Seguro a Vencer

          1.1.7.04 Propaganda e Publicidade a Vencer

  1.2 ATIVO NÃO CIRCULANTE

      1.2.1 ATIVO REALIZÁVEL A LONGO PRAZO

          1.2.1.10 Clientes

          1.2.1.11 Duplicatas a Receber

          1.2.1.20 Outros Créditos

          1.2.1.21 Promissórias a Receber

          1.2.1.30 Créditos com Pessoas Ligadas

          1.2.1.31 Títulos a Receber de Diretores

      1.2.2 INVESTIMENTOS

          1.2.2.01 Participação na Empresa A

          1.2.2.02 Imóveis de Renda[2]

(continua)

---

[1] No Elenco de Contas do Capítulo 3 do volume 1 desta série *Fundamentos de Contabilidade*, utilizamos as contas Clientes e Duplicatas a Receber distintamente. Agora, optamos por denominar Clientes o grupo de contas que representa Direitos a Receber dos Clientes da empresa. Esta forma é mais adequada do ponto de vista técnico, pois os Direitos a Receber de Clientes poderão ser representados por Duplicatas a Receber, Carnês a Receber, Cheques a Receber etc. Esta observação também é válida para as contas Fornecedores e Duplicatas a Pagar.

[2] Poderá também ser denominada "Propriedade para Investimentos".

GRÁFICO I – CONTAS PATRIMONIAIS (*continuação*)

1.2.3 IMOBILIZADO
- 1.2.3.01 Computadores
- 1.2.3.02 (–) Depreciação Acumulada de Computadores
- 1.2.3.03 Imóveis
- 1.2.3.04 (–) Depreciação Acumulada de Imóveis
- 1.2.3.05 Instalações
- 1.2.3.06 (–) Depreciação Acumulada de Instalações
- 1.2.3.07 Móveis e Utensílios
- 1.2.3.08 (–) Depreciação Acumulada de Móveis e Utensílios
- 1.2.3.09 Veículos
- 1.2.3.10 (–) Depreciação Acumulada de Veículos

1.2.4 INTANGÍVEL
- 1.2.4.01 Fundo de Comércio
- 1.2.4.02 (–) Amortização Acumulada de Fundo de Comércio

2. PASSIVO

2.1 PASSIVO CIRCULANTE

2.1.1 OBRIGAÇÕES A FORNECEDORES
- 2.1.1.01 Duplicatas a Pagar

2.1.2 EMPRÉSTIMOS E FINANCIAMENTOS
- 2.1.2.01 Bancos conta Empréstimos
- 2.1.2.02 Promissórias a Pagar

2.1.3 OBRIGAÇÕES TRIBUTÁRIAS
- 2.1.3.01 COFINS a Recolher
- 2.1.3.02 Contribuição Social sobre o Lucro Líquido a Recolher
- 2.1.3.03 ICMS a Recolher
- 2.1.3.04 Imposto de Renda a Recolher
- 2.1.3.05 Impostos e Taxas a Recolher
- 2.1.3.06 PIS a Recolher

2.1.4 OBRIGAÇÕES TRABALHISTAS E PREVIDENCIÁRIAS
- 2.1.4.01 Contribuições de Previdência a Recolher
- 2.1.4.02 Décimo Terceiro Salário a Pagar
- 2.1.4.03 Férias a Pagar
- 2.1.4.04 FGTS a Recolher
- 2.1.4.05 Salários a Pagar

2.1.5 OUTRAS OBRIGAÇÕES
- 2.1.5.01 Aluguéis a Pagar
- 2.1.5.02 Contas a Pagar

2.1.6 PARTICIPAÇÕES E DESTINAÇÕES DO LUCRO LÍQUIDO
- 2.1.6.01 Dividendos a Pagar

2.2 PASSIVO NÃO CIRCULANTE

2.2.1 PASSIVO EXIGÍVEL A LONGO PRAZO
- 2.2.1.10 Obrigações a Fornecedores

(*continua*)

Anexo • Plano de contas

GRÁFICO I – CONTAS PATRIMONIAIS (*continuação*)

2.2.1.11 Duplicatas a Pagar

2.2.1.20 Empréstimos e Financiamentos

2.2.1.21 Bancos conta Empréstimo

2.2.1.22 Promissórias a Pagar

2.2.1.30 Débitos com Pessoas Ligadas

2.2.1.31 Títulos a Pagar à Coligada A

2.2.2 RECEITAS DIFERIDAS

2.2.2.10 Resultados Operacionais

2.2.2.11 Aluguéis Ativos a Vencer

2.2.2.12 Outras Receitas a Vencer

2.2.2.13 (–) Custos ou Perdas Correspondentes

2.3 PATRIMÔNIO LÍQUIDO

2.3.1 CAPITAL SOCIAL

2.3.1.01 Capital

2.3.1.02 (–) Titular conta Capital a Realizar

2.3.2 RESERVAS DE LUCROS

2.3.2.01 Reserva Legal

2.3.2.02 Reservas para Investimentos

2.3.3 RESERVAS DE CAPITAL

2.3.3.01 Reserva de Ágio na Emissão de Ações

2.3.4.99 (–) Ações em Tesouraria[3]

2.3.5.99 (+ ou –) Ajustes de Avaliação Patrimonial

2.3.6.99 (+ ou –) Lucros ou Prejuízos Acumulados

2.3.6.01 Lucros Acumulados

2.3.6.02 (–) Prejuízos Acumulados

GRÁFICO II – CONTAS DE RESULTADO

3. DESPESAS E CUSTOS

3.1 DESPESAS OPERACIONAIS

3.1.1 DESPESAS COM VENDAS

Pessoal

3.1.1.01 Café e Lanches

3.1.1.02 Comissões sobre Vendas

3.1.1.03 Contribuições de Previdência

3.1.1.04 Décimo Terceiro Salário

(*continua*)

---

[3] Para fins do presente Elenco de Contas, os títulos de contas que devem receber valores a débito e a crédito nos lançamentos de Diário são aqueles precedidos de códigos com cinco dígitos. Por esse motivo, completamos com o número 99 os códigos de algumas contas.

Noções de Contabilidade Comercial

GRÁFICO II – CONTAS DE RESULTADO (*continuação*)

3.1.1.05 Encargos Sociais

3.1.1.06 Férias

3.1.1.07 FGTS

3.1.1.08 Salários

3.1.1.09 Outras Despesas com Pessoal

Outras

3.1.1.11 Fretes e Carretos

3.1.1.12 Propaganda e Publicidade

3.1.1.13 Despesas com Perdas Estimadas em Créditos de Liquidação Duvidosa

3.1.1.14 Despesas Eventuais

3.1.2 DESPESAS FINANCEIRAS

3.1.2.01 Descontos Concedidos

3.1.2.02 Despesas Bancárias

3.1.2.03 Juros Passivos

3.1.3 DESPESAS GERAIS E ADMINISTRATIVAS

Pessoal

3.1.3.01 Café e Lanches

3.1.3.02 Contribuições de Previdência

3.1.3.03 Décimo Terceiro Salário

3.1.3.04 Encargos Sociais

3.1.3.05 Férias

3.1.3.06 FGTS

3.1.3.07 Retiradas Pró-labore

3.1.3.08 Salários

3.1.3.09 Outras Despesas com Pessoal

Gerais

3.1.3.11 Água e Esgoto

3.1.3.12 Aluguéis Passivos

3.1.3.13 Amortização

3.1.3.14 Combustíveis

3.1.3.15 Depreciação

3.1.3.16 Despesas Postais

3.1.3.17 Energia Elétrica

3.1.3.18 Fretes e Carretos

3.1.3.19 Material de Expediente

3.1.3.20 Material de Limpeza

3.1.3.21 Prêmios de Seguro

3.1.3.22 Comunicação (Telefone, Fax etc.)

3.1.3.23 Serviços de Terceiros

3.1.3.24 Despesas Eventuais

(*continua*)

Anexo • Plano de contas

GRÁFICO II – CONTAS DE RESULTADO *(continuação)*

Tributárias

3.1.3.31 Impostos e Taxas

Outras

3.1.3.41 Despesas Eventuais

3.1.4 OUTRAS DESPESAS OPERACIONAIS

3.1.4.01 Despesas (ou Gastos) de Organização

3.1.4.02 Multas Fiscais

3.1.4.03 Multas de Trânsito

3.1.4.04 Despesas Eventuais

3.2 OUTRAS DESPESAS

3.2.1.99 Perdas na Baixa de Bens do Ativo Não Circulante

3.3 CUSTOS OPERACIONAIS

3.3.1.99 Perdas na Baixa de Bens do Ativo Não Circulante

3.3.1 CUSTOS DAS COMPRAS

3.3.1.01 Compras de Mercadorias

3.3.1.02 Fretes e Seguros sobre Compras

3.3.1.03 (–) Abatimentos sobre Compras

3.3.1.04 (–) Compras Anuladas

3.3.1.05 (–) Descontos Incondicionais Obtidos

4. RECEITAS

4.1 RECEITAS OPERACIONAIS

4.1.1 RECEITA BRUTA

4.1.1.01 Vendas de Mercadorias

4.1.1.02 Receitas de Serviços

4.1.1.03 (–) Abatimentos sobre Vendas

4.1.1.04 (–) Vendas Anuladas

4.1.1.05 (–) Descontos Incondicionais Concedidos

4.1.1.06 (–) Impostos sobre Serviços (ISS)

4.1.1.07 (–) Tributos sobre Vendas

4.1.1.08 (–) ICMS sobre Vendas

4.1.1.09 (–) COFINS sobre Faturamento

4.1.1.10 (–) PIS sobre Faturamento

4.1.2 RECEITAS FINANCEIRAS

4.1.2.01 Descontos Obtidos

4.1.2.02 Juros Ativos

4.1.2.03 Rendimentos sobre Aplicações Financeiras

4.1.3 OUTRAS RECEITAS OPERACIONAIS

4.1.3.01 Aluguéis Ativos

4.1.3.02 Perdas Recuperadas

4.1.3.03 Receitas Eventuais

4.2 OUTRAS RECEITAS

4.2.1.99 Ganhos na Baixa de Bens do Ativo Não Circulante

(continua)

Noções de Contabilidade Comercial

GRÁFICO II – CONTAS DE RESULTADO (*continuação*)

5. CONTAS DE APURAÇÃO DO RESULTADO
   5.1 RESULTADO BRUTO
      5.1.1.99 Custo das Mercadorias Vendidas (CMV)
      5.1.2.99 Custo dos Serviços Prestados (CSP)
      5.1.3.99 Resultado da Conta Mercadorias (RCM)
      5.1.3.01 Lucro sobre Vendas (Lucro Bruto)
      5.1.3.02 (–) Prejuízo sobre Vendas
   5.2 RESULTADO LÍQUIDO
      5.2.1.99 Resultado do Exercício

GRÁFICO III – CONTAS EXTRAPATRIMONIAIS

6. CONTAS DE COMPENSAÇÃO
   6.1 COMPENSAÇÃO DO ATIVO
      6.1.1.99 Seguros Contratados
      6.1.2.99 Títulos (ou Duplicatas) em Cobrança
   6.2 COMPENSAÇÃO DO PASSIVO
      6.2.1.99 Contratos de Seguros
      6.2.2.99 Endossos para Cobrança

A.3 Informações sobre o Elenco de Contas

A.3.1 Informações sobre o Gráfico I

A.3.1.1 *Ativo*

No Ativo, as contas representativas de Bens e Direitos devem ser classificadas obedecendo-se a ordem decrescente do grau de liquidez.

Grau de liquidez, conforme já estudamos no volume 1 desta série **Fundamentos de Contabilidade**, C é o maior ou menor prazo no qual Bens e Direitos podem ser transformados em dinheiro.

A.3.1.2 *Ativo Circulante*

Neste grupo são classificadas as contas que representam os valores numerários (dinheiro em caixa e em banco), os Bens destinados à venda ou a consumo próprio, e os Direitos cujos vencimentos ocorram durante o Exercício seguinte ao do Balanço em que as contas estiverem sendo classificadas.

A Lei nº 6.404/1976, no inciso I do artigo 179, observando a ordem decrescente do grau de liquidez das contas, estabelece que, no Ativo Circulante, as contas devem ser classificadas em três grupos: Disponibilidades; Direitos Realizáveis a Curto Prazo e Despesas do Exercício seguinte.

Para mais bem adequar os subgrupos do Ativo Circulante à codificação das contas adotada por nós, e visando facilitar a contabilização por meio do computador, preferimos separar os Direitos Realizáveis a Curto Prazo em cinco categorias: Clientes, Outros Créditos, Impostos a Recuperar, Investimentos Temporários a Curto Prazo e Estoques.

Dessa forma, o Ativo Circulante fica composto por sete subgrupos:

- **Disponibilidades:** neste subgrupo são classificadas as contas que representam dinheiro em Caixa, em Bancos e em Aplicações que podem ser transformadas em dinheiro a qualquer momento.
- **Clientes:** neste subgrupo encontram-se as contas representativas de Direitos decorrentes de vendas de mercadorias ou de prestação de serviços a prazo.
- **Outros Créditos:** não confundir com contas de natureza credora, as quais figuram no Passivo. Neste caso, a palavra créditos é empregada como sinônimo de Direitos, não representando natureza de saldo de contas.
  É comum dizermos nos meios comerciais que os Direitos da empresa correspondem a créditos da empresa junto a Terceiros. Como os créditos decorrentes de vendas de Mercadorias e/ou de prestação de serviços devem ser classificados no subgrupo denominado Clientes, os demais Direitos Realizáveis durante o curso do Exercício seguinte ao do Balanço, os quais não se enquadram nos demais subgrupos do Ativo Circulante, deverão figurar como Outros Créditos. Como exemplo, podemos citar os Adiantamentos feitos a Fornecedores, a empregados; os Aluguéis a Receber etc.
- **Impostos a Recuperar:** composto por contas que representam Direitos junto aos governos municipal, estadual ou federal. Decorrem de impostos recolhidos antecipadamente ou indevidamente ou que, por força da Legislação, gerem para a empresa Direito de compensação no curso do Exercício seguinte.
- **Investimentos Temporários a Curto Prazo:** contas que representam as aplicações efetuadas pela empresa na compra de Títulos e valores mobiliários, podendo ou não ser representativos do capital de outras sociedades. Esses títulos poderão figurar tanto no Ativo Circulante quanto no Ativo Não Circulante (Realizável a Longo Prazo ou Investimentos). Figurarão neste grupo do Ativo Circulante quando a empresa não tiver intenção de manter essas aplicações por mais de um ano.
- **Estoques:** compreendem as contas que representam os estoques de Bens destinados à venda ou ao consumo da empresa.
- **Despesas do Exercício Seguinte:** neste subgrupo são classificadas as contas que representam as Despesas do Exercício seguinte, pagas no Exercício atual, ou seja, as Despesas pagas antecipadamente.

A.3.1.3 *Ativo Não Circulante*

Este grupo é o oposto do Ativo Circulante. Enquanto no Ativo Circulante são classificadas contas que representam bens e direitos que estão em circulação constante na empresa, isto é, que giram em prazo inferior a um ano, no Ativo Não Circulante são classificadas contas representativas de bens e direitos com pequena ou nenhuma circulação.

Noções de Contabilidade Comercial

A Lei nº 6.404/1976 divide o Ativo Não Circulante em 4 grupos:

1. **Ativo Realizável a Longo Prazo:** neste grupo devem ser classificadas as contas representativas de Direitos cujos vencimentos ocorram após o término do Exercício Social seguinte ao do Balanço em que as contas estiverem sendo classificadas.

   Com exceção das disponibilidades, todos os demais subgrupos do Ativo Circulante poderão figurar aqui. Incluímos, ainda, um subgrupo destinado à classificação das contas representativas de Direitos junto a Pessoas Ligadas (1.2.1.30 Créditos com Pessoas Ligadas), pois o inciso II, do artigo 179 da Lei nº 6.404/1976, estabelece que, independentemente do prazo de vencimento, devem ser classificadas no Ativo Realizável a Longo Prazo as contas representativas de Direitos derivados de vendas, adiantamentos ou empréstimos a sociedades coligadas ou controladas, diretores, acionistas ou participantes no lucro da companhia que não constituírem negócios usuais na exploração do objeto da companhia. Entretanto, é preciso cuidado, pois se o Direito com qualquer das pessoas citadas decorrer de operações normais da empresa, como Venda de Mercadorias ou Prestação de Serviços, tais contas deverão obedecer à classificação normal no Ativo Circulante ou no Realizável a Longo Prazo, conforme os demais Direitos da empresa.

2. **Investimentos:** neste grupo devem ser classificadas as contas representativas das participações permanentes no capital de outras sociedades, bem como aquelas contas representativas dos direitos de qualquer natureza, não classificáveis no Ativo Circulante ou no Realizável a Longo Prazo e que não se destinem à manutenção da atividade principal da empresa, como os investimentos em Obras de Arte ou ainda em bens que gerem receitas para a empresa, independentemente das suas atividades operacionais, como o caso das propriedades para investimentos (Imóveis de Renda).

   As participações permanentes no capital de outras sociedades poderão ocorrer em sociedades coligadas, controladas, em sociedades que façam parte de um mesmo grupo ou que estejam sob controle comum (*joint venture*), ou ainda em outras sociedades que não se enquadram nessas mencionadas. Não trataremos desses investimentos dado o caráter introdutório da obra.

3. **Imobilizado:** neste grupo são classificadas contas representativas de recursos aplicados na aquisição de bens de uso da empresa. São bens corpóreos destinados à manutenção das atividades da empresa, como móveis e utensílios, veículos, computadores etc.

4. **Intangível:** contas representativas dos recursos aplicados em bens imateriais. São direitos que tenham por objeto bens incorpóreos destinados à manutenção das atividades da empresa ou exercidos com essa finalidade, inclusive aqueles representativos de fundo de comércio adquirido a título oneroso.

A.3.1.4 *Passivo*

Você já sabe que no Passivo são classificadas as contas representativas das Obrigações e do Patrimônio Líquido. As Obrigações, também conhecidas por Passivo Exigível, são os Capitais de Terceiros. O Patrimônio Líquido representa os Capitais Próprios.

No Balanço, no lado do Passivo, inicialmente são classificadas as contas representativas das Obrigações e, em seguida, as representativas do Patrimônio Líquido. As Contas de Obrigações devem ser classificadas na ordem decrescente do grau de exigibilidade.

Grau de exigibilidade representa o maior ou menor prazo em que a Obrigação deve ser paga. Assim, as Obrigações são classificadas em dois grupos: Passivo Circulante e Passivo Não Circulante.

A.3.1.5 *Passivo Circulante*

Neste grupo constam todas as contas que representam Obrigações, cujos vencimentos ocorram durante o Exercício seguinte ao do Balanço em que as contas estiverem sendo classificadas. Esse grupo poderá conter subdivisões, de acordo com a natureza de cada Obrigação. Essas subdivisões poderão ser:

- **Obrigações a Fornecedores:** representam compromissos decorrentes da compra de mercadorias a prazo.
- **Empréstimos e Financiamentos:** são compromissos assumidos na obtenção de recursos financeiros para a empresa, como é o caso de empréstimos efetuados em estabelecimentos bancários.
- **Obrigações Tributárias:** constituem compromissos com o Governo Federal, Estadual ou Municipal.
- **Obrigações Trabalhistas e Previdenciárias:** são compromissos gerados em decorrência dos serviços prestados à empresa por seus empregados.
- **Outras Obrigações:** abrangem os compromissos que não se enquadram nos demais subgrupos do Passivo Circulante.
- **Participações e Destinações do Lucro Líquido:** abrangem contas representativas das parcelas do lucro líquido do exercício distribuídas aos acionistas, bem como a pessoas que tenham direito de participação nos resultados da empresa.

A.3.1.6 *Passivo Não Circulante*

O Passivo Não Circulante é dividido em dois grupos:

- **Passivo Exigível a Longo Prazo:** neste grupo são classificadas as contas representativas das Obrigações, cujos vencimentos ocorram após o término do Exercício Social seguinte ao do Balanço em que as contas estiverem sendo classificadas.
- Os mesmos subgrupos constantes do Passivo Circulante poderão figurar neste grupo, exceto aquele destinado às participações e destinações do resultado, que raramente abrangem obrigações de longo prazo.
- **Receitas Diferidas:** a Lei nº 6.404/1976, em seu artigo 299-B, estabelece que as contas representativas das receitas recebidas antecipadamente devem ser classificadas no Passivo Não Circulante, deduzidas dos custos e despesas a elas correspondentes.

A.3.1.7 *Patrimônio Líquido*

Neste grupo, as contas que representam os Capitais Próprios devem ser classificadas do seguinte modo:

Noções de Contabilidade Comercial

- **Capital Social:** subgrupo composto pela conta Capital que representa os valores investidos na empresa pelos titulares e pela conta Capital a Realizar (ou Titular conta Capital a Realizar; Quotistas Conta Capital a Realizar; Acionistas Conta Capital a Realizar etc.) que representa a parcela do capital já subscrita pelos sócios, porém ainda não realizada.
- **Reservas:** composto pelas contas representativas das reservas constituídas em decorrência de lei ou da vontade do proprietário, dos sócios ou dos administradores. Existem reservas de lucros (constituídas a partir do lucro líquido apurado em cada exercício social) e reservas de capital (decorrentes de algumas receitas que, por força da Lei nº 6.404/1976, não devem transitar pelo resultado do exercício).
- **Lucros ou Prejuízos Acumulados:** observe que esta é uma conta principal (sintética) que tem como subcontas (analíticas) as contas Lucros Acumulados e Prejuízos Acumulados.

No Elenco de Contas do Capítulo 3 do volume 1 desta série *Fundamentos de Contabilidade*, apresentamos apenas a conta Lucros Acumulados para atender às necessidades daquela etapa dos estudos.

A conta Lucros ou Prejuízos Acumulados é utilizada para receber por transferência o resultado apurado na conta Resultado do Exercício para que sejam dadas as destinações devidas a esse resultado. Você já sabe que o resultado do exercício, sendo positivo, deve ser transferido para a conta Lucros Acumulados e, sendo negativo, para a conta Prejuízos Acumulados. A empresa tem a opção de usar a conta sintética e apresentá-la no Balanço, com sinal negativo quando prejuízo ou com sinal positivo quando lucro.

Conforme você pode observar, no grupo do Patrimônio Líquido podem figurar, ainda, os Ajustes de Avaliação Patrimonial, bem como as Ações em Tesouraria, contas que não serão comentadas dado o caráter introdutório desta obra.

A.3.1.8 *Contas Redutoras do Balanço*

Você deve ter percebido que tanto no lado do Ativo quanto no do Passivo algumas contas apresentam sinal negativo (–). Elas são denominadas Contas Redutoras do Ativo ou do Passivo.

Os valores das Contas Redutoras devem figurar entre parênteses, os quais indicam que esses valores são negativos no respectivo grupo.

A.3.1.9 *Contas Redutoras do Ativo*

As Contas Redutoras do Ativo são de natureza credora e no Balanço Patrimonial devem figurar no lado do Ativo, como Contas Redutoras das Contas com base nas quais foram criadas.

No Elenco de Contas que ora analisamos, apresentamos três Contas Redutoras do Ativo:

- **Perdas Estimadas em Créditos de Liquidação Duvidosa:** veja detalhes acerca dessa conta na Seção 2.7 do Capítulo 2 deste livro.
- **Depreciações Acumuladas:** no Elenco de Contas, as Depreciações foram subdivididas em cinco contas: Depreciação Acumulada de Computadores, Depreciação Acumulada de Imóveis, Depreciação Acumulada de Instalações, Depreciação Acumulada de Móveis e Utensílios e Depreciação Acumulada de Veículos. Cada uma delas

deverá figurar no Ativo Não Circulante, subgrupo Ativo Imobilizado, como Redutoras das Contas sujeitas à Depreciação que representem os Bens de uso da empresa.

No Capítulo 3 você encontra mais detalhes acerca dessas contas. Quando a empresa estiver obrigada a publicar o Balanço Patrimonial nos jornais de grande circulação do país (como ocorre com as sociedades anônimas de capital aberto), bem como outras Demonstrações Contábeis, todas essas intitulações poderão ser agrupadas e denominadas de uma só maneira: Depreciações Acumuladas.

- **Amortizações Acumuladas:** corresponde a diminuições dos saldos das contas representativas de bens intangíveis. Mais detalhes foram tratados no Capítulo 3 deste livro.

A.3.1.10 *Contas Redutoras do Passivo*

São contas de natureza devedora que figuram no lado do Passivo, como redutoras das contas com base nas quais foram criadas. No Elenco de Contas em estudo, apresentamos cinco Contas Redutoras do Passivo:

- **Custos ou Perdas Correspondentes:** figura no grupo Receitas Diferidas. Representa as Despesas e/ou Custos da empresa em decorrência de Receitas recebidas antecipadamente.
- **Titular conta Capital a Realizar:** integra o grupo do Patrimônio Líquido, subgrupo Capital Social, como redutora da conta Capital. Representa parte do Capital já subscrito pelo Titular, porém, ainda não realizado. Mais detalhes acerca do uso desta conta você encontra na Seção 6.2.1.3 do Capítulo 6 do volume 1 desta série.
- **(+ ou –) Ajustes de Avaliação Patrimonial:** esta conta, que poderá apresentar saldo devedor ou credor, representa a contrapartida de ajustes efetuados em contas do Ativo ou do Passivo.
- **(–) Ações em Tesouraria:** corresponde a ações representativas do capital da própria empresa, adquiridas por ela mesma.
- **(–) Prejuízos Acumulados:** conforme vimos, o resultado negativo apurado no exercício social findo ou em exercícios anteriores fica acumulado no Patrimônio Líquido, com essa intitulação, até que seja compensado ou assumido pelos sócios ou titulares.

A.3.1.11 *Contas Extrapatrimoniais*

A Lei das Sociedades por Ações (Lei nº 6.404/1976) não contempla essas contas, porém dispõe que, na apresentação do Balanço, os ônus reais constituídos sobre elementos do Ativo, as garantias prestadas a Terceiros e outras responsabilidades eventuais ou contingentes sejam indicadas em Notas Explicativas.

O Conselho Federal de Contabilidade (CFC) trata das Contas de Compensação, nos itens 29 e 30 da Interpretação Técnica ITG 2000 – Escrituração Contábil, aprovada pela Resolução CFC nº 1330/2011.

Estabelece a mencionada ITG 2000 que a escrituração das Contas de Compensação somente será obrigatória quando algum órgão regulador,[4] ao qual a empresa estiver subordinada,

---

4   Comissão de Valores Mobiliários (CVM), Banco Central do Brasil (BCB), Superintendência de Seguros Privados (Susep) etc.

Noções de Contabilidade Comercial

assim o determinar. Entretanto, nos casos em que as Contas de Compensação não forem utilizadas, a entidade deve manter outros mecanismos que possibilitem controlar os atos administrativos relevantes.

Estas contas permitem o controle dos Atos Administrativos relevantes, isto é, aqueles que possam afetar futuramente a Situação Patrimonial da empresa.

Quando, por exemplo, a empresa assina contrato com uma companhia seguradora, o valor segurado deve ser registrado em Contas de Compensação.

- As normas contábeis contemplam a contabilização dos atos administrativos relevantes por meio das contas de compensação. Contudo, dispensam a contabilização somente quando houver outros meios que possibilitem o controle dos efeitos desses atos no patrimônio.

A.3.2 Informações sobre o Gráfico II

No Gráfico II do Elenco de Contas do Capítulo 3 do volume 1 desta série *Fundamentos de Contabilidade*, estudamos apenas três grupos de contas: Despesas, Receitas e Contas de Apuração do Resultado. Agora, como você já avançou nos estudos, vamos lhe apresentar todos os grupos e subgrupos das Contas de Resultado, conforme estabelece a Lei nº 6.404/1976.

A.3.2.1 *Despesas*

A.3.2.1.1 Despesas Operacionais

São as Despesas que ocorrem em função da vida normal da empresa. Elas podem ser consideradas necessárias à movimentação do Patrimônio e são subdivididas em:

- **Despesas com Vendas:** neste subgrupo são classificadas todas as Despesas ligadas à atividade comercial da empresa. Elas podem ser subdivididas em Pessoal (Salários, Encargos, Comissões, Lanches, enfim, todos os gastos com o pessoal da área comercial) e Outras (consideradas, neste subgrupo, todas as demais despesas da área comercial, como Propaganda e Publicidade, Fretes e Carretos etc.).
- **Despesas Financeiras:** como o próprio nome sugere, compreendem todos os gastos decorrentes de operações financeiras, isto é, que envolvem dinheiro. Normalmente surgem de transações bancárias, no momento do pagamento de Obrigações ou do recebimento de Direitos. As Despesas Financeiras mais comuns são:
  - **Descontos Concedidos:** correspondem aos descontos que a empresa oferece aos seus clientes no momento do recebimento de Direitos, em geral provenientes de vendas a prazo.
  - **Despesas Bancárias:** abrangem as Despesas que ocorrem nas transações com os bancos, como juros, comissões, taxas etc.
  - **Juros Passivos:** são as Despesas pagas em decorrência de atrasos no cumprimento de Obrigações.

- **Despesas Gerais e Administrativas:** compreendem os gastos ligados ao setor administrativo da empresa; essas Despesas podem ser subdivididas em: Pessoal (Salários e Encargos, além de outros gastos com o pessoal que trabalha na administração da empresa, incluindo as retiradas pró-labore dos sócios ou do titular); Gerais (Despesas com Aluguéis, Depreciação, Amortização, Água e Esgoto etc.); Tributárias (gastos ligados às Despesas pagas ou que devem ser pagas aos Governo Municipal, Estadual ou Federal); e Outras (as demais Despesas ligadas à Administração que não se enquadram nos subgrupos anteriores).
- **Outras Despesas Operacionais:** uma dica importante: neste subgrupo, geralmente devem ser classificadas as Despesas que, por eliminação, não se encaixam nos subgrupos das Despesas com Vendas, Financeiras, Administrativas e Outras Despesas.

Veja, por exemplo, a conta Multas Fiscais, a qual não é considerada comum na vida da empresa, porém pode ocorrer no desenvolvimento de suas atividades operacionais normais.

A.3.2.1.2 Outras Despesas

Essas Despesas ocorrem fora das atividades operacionais normais da empresa. São raras e resultam de perdas apuradas nas baixas de Bens ou de Direitos classificados no Ativo Não Circulante.

As baixas do Ativo Não Circulante decorrem de vendas, doações, retiradas de uso por obsolescência etc.

No Elenco de Contas, incluímos apenas a conta Perdas em Transações do Ativo Não Circulante, a qual reflete adequadamente os prejuízos (perdas) citados.

Custos Operacionais

As contas classificadas neste grupo, embora sejam de Resultado, não devem ser consideradas como Despesas, pois representam o Custo de Mercadorias adquiridas para venda.

Neste grupo, as contas Compras de Mercadorias e Fretes e Seguros sobre Compras representam o Custo das Mercadorias adquiridas para venda; logo, para fins de Apuração do Resultado Bruto, seus valores deverão ser somados. Neste mesmo grupo, três contas são negativas, ou seja, Redutoras do Custo das Mercadorias adquiridas: Abatimentos sobre Compras, Compras Anuladas e Descontos Incondicionais Obtidos. São consideradas Contas Redutoras porque, para fins de Apuração do Resultado Bruto, seus valores deverão ser diminuídos do Custo das Mercadorias adquiridas.

A.3.2.2 Receitas

A.3.2.2.1 Receitas Operacionais

São todas as Receitas normais, isto é, aquelas que ocorrem em função do desenvolvimento das atividades operacionais da empresa. São subdivididas em:

- **Receita Bruta:** representam as Receitas provenientes da atividade principal da empresa; é o caso das Receitas com Vendas de Mercadorias – nas empresas comerciais, e das Receitas de Serviços – nas empresas que prestam serviços. Convém ressaltar que a empresa que comercializa Mercadorias também poderá prestar serviços. Nesse caso, sua Receita Bruta será composta pelas Receitas auferidas tanto na venda de Mercadorias como na prestação de serviços.

Observe que, neste subgrupo, apresentamos oito contas com sinal negativo. Todas elas são Redutoras da Receita Bruta de Vendas e/ou de Serviços, cujos valores deverão ser subtraídos dos valores das contas Vendas de Mercadorias e/ou Receitas de Serviços, para fins de Apuração do Resultado Bruto.

- **Receitas Financeiras:** a exemplo do que ocorre com as Despesas Financeiras, as contas deste subgrupo de Receitas representam os ganhos da empresa em transações financeiras realizadas com aplicações de dinheiro em estabelecimentos bancários, bem como no recebimento de Direitos após as datas fixadas para seus vencimentos e nos pagamentos de Obrigações efetuados antes dos prazos fixados para seus vencimentos. É muito fácil identificar as contas deste subgrupo entre as demais Contas de Receitas, pois são basicamente três: Descontos Obtidos, Juros Ativos e Rendimentos sobre Aplicações Financeiras.
- **Outras Receitas Operacionais:** neste subgrupo são classificadas as Contas de Receitas que não corresponderem à Receita Bruta, à Receita Financeira ou Outras Receitas.

A.3.2.2.2 Outras Receitas

A exemplo das Contas classificadas como Outras Despesas, compreendem as Receitas que ocorrem independentemente (fora) das atividades operacionais da empresa. São raras e decorrem de ganhos obtidos nas baixas de Bens ou de Direitos classificados no Ativo Não Circulante.

No Elenco de Contas, incluímos apenas a conta Ganhos na Baixa de Bens do Ativo Não Circulante, a qual reflete adequadamente os lucros (ganhos) citados.

A.3.2.3 Contas de Apuração do Resultado

São contas Transitórias, mediante as quais apuramos contabilmente os Resultados Bruto e Líquido do Exercício. No Elenco de Contas, apresentamos apenas a conta Resultado do Exercício que você já conhece.

Podem figurar nesse grupo, ainda, as contas utilizadas para a Apuração do Resultado Bruto, como a conta Custo das Mercadorias Vendidas (CMV), a conta Resultado da Conta Mercadorias (RCM) e outras.

A.4 Manual de Contas

O Manual de Contas fornece ao contabilista informações detalhadas de cada conta, orientando-o na padronização dos registros de todos os eventos responsáveis pela movimentação do Patrimônio da empresa.

A consulta ao Manual de Contas poderá ajudá-lo a esclarecer dúvidas quanto ao código numérico das contas, bem como intitulação, função, funcionamento, natureza e critérios de avaliação de cada uma delas. No Manual, o contabilista encontra exemplos de lançamentos para o registro de operações raras, roteiros para conciliações de dados e informações sobre documentos que dão suporte aos registros contábeis.

O acesso a todas essas informações é fundamental para o contabilista, que deve conhecer tanto a função das contas, isto é, a razão pela qual existem, quanto o funcionamento de cada uma delas, o qual lhe permitirá determinar em que situação a conta será debitada ou creditada, bem como identificar a natureza do saldo da conta – se devedora ou credora.

Veja, agora, exemplos de como as informações podem constar no Manual de Contas:

1.1 ATIVO CIRCULANTE

Composto por contas utilizadas para o registro de Bens e Direitos de qualquer natureza, realizáveis até o término do Exercício Social seguinte.

1.1.1 Disponibilidades

Composto por contas utilizadas para o registro de Bens Numerários de livre e imediata movimentação.

1.1.1.01 Caixa

- **Função:** representa o valor dos Bens Numerários em poder da empresa, geralmente compostos por dinheiro e cheques.
- **Funcionamento:** debitada pelas entradas de dinheiro ou cheques de Terceiros e creditada pelas saídas de dinheiro ou cheques de Terceiros recebidos pela empresa.
- **Natureza do saldo:** devedora.

A.5 Modelos Padronizados de Demonstrações Contábeis

Nesta parte do Plano de Contas deverão constar modelos das Demonstrações Contábeis, as quais serão elaboradas periodicamente pelo setor de Contabilidade da empresa.

No volume 3 desta série Fundamentos de Contabilidade, você encontrará modelos das Demonstrações Contábeis exigidas pelas normas contábeis e pela Lei nº 6.404/1976.

1ª edição
Papel de miolo   Offset 75 g/m²
Papel da capa   Cartão 250 g/m²
Tipografia   Myriad Pro e Source Sans Pro